Tobias Zick
Heimatkunde

Tobias Zick

Heimatkunde

Zu Fuß und allein
durch die Provinz

HERDER

FREIBURG · BASEL · WIEN

Gedruckt auf umweltfreundlichem, chlorfrei gedrucktem Papier

Originalausgabe

www.herder.de
Satz: Layoutsatz Kendlinger
Herstellung: fgb · freiburger graphische betriebe 2005
www.fgb.de
Umschlaggestaltung und Konzeption: R·M·E, Roland Eschlbeck & Team
(Liana Tuchel, Kornelia Bunkhofer)
Autorenfoto: © Ralph Lenges
Umschlagmotiv: © Denise Vernillo
ISBN 3-451-28315-8

1

Die ersten Zweifel an meinem Verstand kamen mir, als ich mich auf der Böschung des Flusses niederließ, feuchtes Gras unter dem Hosenboden, und mit dem Schweizer Messer an den Möhren herumzuschnitzen begann, die ich gerade am Straßenrand gekauft hatte.

Eineinhalb Tage war es her, dass ich aus der Wohnung in der Stadt aufgebrochen war; ich hatte mich eine Ewigkeit gesträubt, ehe ich endlich die warme Decke zurückschlug, im Bauch so etwas wie Lampenfieber, und mich aus den Armen meiner Liebsten löste und losging. Eineinhalb Tage war das jetzt her, die Füße pochten in meinen Stiefeln, „lass uns hier raus!“, riefen sie, und ich hatte noch nicht mal Hamburg verlassen.

Nun saß ich da im feuchten Gras, es war eine andere Welt, die Vierlande im Südosten Hamburgs, man sah den ganzen Himmel mit seinen Launen und Schauspielereien in Blau und Weiß, nicht nur Ausschnitte zwischen Häuserfassaden und Plakatwänden; hier waren grüne Felder und reetgedeckte Häuschen und Stiefmütterchen, und am Straßenrand tauchten immer wieder Holztischchen und Schubkarren auf, bestückt mit Apfelmusgläschen und Tomaten, Karotten und Zierkürbissen, daneben eine kleine Geldkassette und sonst nichts.

Der Wind wehte mir durchs Haar, als wollte er sagen: „Junge, überleg dir das Ganze gut, bald ist der Herbst da, wie weit ist es eigentlich bis Eschborn?“ Fünfhundert Kilometer, wenn man die Straße nimmt. Es war Mitte September geworden, ehe ich mich vom Schreibtisch hatte losreißen können, alle Aufträge abgearbeitet hatte und mir eineinhalb Monate Auszeit nehmen konnte, und allen sagte: „Ich gehe zurück nach Hause."

Man muss sich ja ständig rechtfertigen, dachte ich, wenn man für den Ort, wo man zum ersten Mal ohne Stützräder Fahrrad gefahren ist und wo man seiner Mutter an der Kindergartentür jedes Mal eine große Szene bereitet hat, wenn man für diesen Ort mehr wohliges Bauchkribbeln hegt als für die Stadt, in der es Arbeit und Milchkaffee gibt und Clubs, über die in Zeitschriften berichtet wird. Solche Diskussionen bringen einen immer wieder in Erklärungsnot, weil dieses diffuse Bauchkribbeln sich jedes Mal im letzten Moment davonschleicht, wenn man gerade kurz davor steht, es erklären zu können. Heimat. Ich hatte es deshalb für eine gute Idee gehalten, mich der Sache zu Fuß zu nähern.

Ich war durchs Schanzenviertel gewandert, vorbei an der Bar mit den orientalischen Teppichen, in der ich am Abend vorher noch mit Freunden Tee getrunken hatte; erntete misstrauische Blicke mit meinem karierten Hemd und den Wanderstiefeln, passierte den Hauptbahnhof, wo der lange Weg durch Hamburgs Osten beginnt, ein winziges Stück des Europäischen Fernwanderwegs Nordkap–Sizilien. Ein Reiseführer empfahl, man möge das Teilstück durch die Hochhausschluchten getrost mit der U-Bahn zurücklegen. Unterwegs sprach mich ein Mütterchen an, der Wind zerrte an ihrem Kopftuch, „bitte, wo ist U-Bahn", fragte sie. Ich bot ihr den Unterarm, damit sie sich unterhaken konnte; „Bein tut weh", erklärte sie humpelnd, die Füße dick eingewickelt in Verbände; sie war achtzig Jahre alt und kam gerade aus der afghanischen Moschee, wo sie von einem Verwandten Abschied genommen hatte, und dann war die Familie in drei Autos einfach davongefahren und hatte sie vergessen.

Sie erzählte von ihrer Heimat, vom Haus in Kabul mit den Weintrauben im Garten, das die Taliban in Schutt und Asche gelegt hatten, von ihren drei toten Brüdern und von der Sonne, die ihr fehlte, „aber Deutschland lieb", sagte sie und tätschelte mir den Unterarm, und als sie sich in den U-Bahn-Wagen gehievt hatte, drehte sie sich noch einmal um und fragte: „Du Heirat?" Ich schüttelte den Kopf und lächelte. „Heirat nix gut", sagte sie und lächelte zurück, dann schloss sich mit einem Klacken die Tür zwischen uns.

Ich nahm eine zweite Mohrrübe aus dem Beutelchen; was Ralph wohl jetzt macht, dachte ich, wir hatten vor elf Jahren zum letzten Mal voneinander gehört, mit sechzehn; die ersten Jahre nach dem Umzug war ich in den Ferien noch jedes Mal mit dem Intercity zurückgefahren, um ihn und die anderen zu sehen in Eschborn, und es war jedes Mal eine Reise nach Hause gewesen, aber irgendwann hatten wir beide anderes zu tun im Leben und nichts mehr voneinander hören lassen.

Wir waren nach Hamburg gezogen, als ich klein war, gerade eingeschult, weil mein Vater neue Arbeit gefunden hatte im Norden. Ich hatte nie den Abschied von Ralph vergessen, meinem besten Freund: Wir hatten noch am Westerbach gespielt mit den anderen, waren noch ein letztes Mal Eis essen gegangen wie immer, und dann hatten wir uns heulend in den Armen gelegen, und meine Eltern standen schon draußen mit dem Auto voll gepackter Sachen.

Ich hatte nicht versucht, ihn zu finden, bevor ich losgegangen war, über das Internet oder über andere Leute, wahrscheinlich weil ich Angst davor hatte, dass jenes wohlige Gefühl, von dem ich ahnte, dass es etwas mit Heimat zu tun haben musste, sich in Luft auflösen könnte, wenn ich mit ihm telefonierte, und ich dann in dem Moment am Telefon zu weit weg wäre, um irgendetwas dagegen zu tun.

Und nun saß ich da und kaute süße Mohrrüben und nahm noch eine davon aus dem Beutelchen; als ich das Schweizer Messer ansetzte, schnitt ich mir in den Zeigefinger, und die neue Wanderhose bekam, am zweiten Tag der Reise, einen dicken Fleck, einen Blutfleck.

Anfänger.

2

Auf dem Weg zur Elbe kehrte ich auf einen Kaffee ein in die Landhaus-WG von Deichkind; Philipp, einer der drei Rapper, in gelbem T-Shirt mit dem Schriftzug „Born to burn“, schob mir einen Stuhl an den schweren Holztisch; an der Wand tickte eine Pendeluhr, daneben schaute eine alte Frau mit Kopftuch düster aus einem Ölgemälde. „Eigentlich wollten wir gar nicht aufs Land ziehen“, sagte er, „das hat sich eher so ergeben.“ Sie waren vor drei Jahren auf der Suche nach einem Studio gewesen, und da hatte einer von ihnen diese Kleinanzeige im Hamburger Abendblatt vorgelesen, 250 Quadratmeter, Reetdach, und sie hatten sich das Haus angesehen und kamen plötzlich nicht mehr los von der Idee, dort nicht nur Musik zu machen, sondern auch einzuziehen.

Das Studio war eine umgebaute Garage; durchs Fenster schaute man auf die Salatköpfe des Nachbarn. Philipp drehte an ein paar Reglern und ließ die Boxen vibrieren: „Du siehst, unsere Musik ist alles andere als ländlich.“

Die Miete, geteilt durch vier – er, sein Bandkollege Sebi und die beiden Ehefrauen – war allemal billiger als in der Stadt, dafür allerdings gehörten zu der WG vier Autos, damit jeder zu jeder Zeit in der City sein konnte. „Das ist vielleicht ein bisschen pervers. Aber es ist schon sehr angenehm, wenn du am selben Ort arbeiten und wohnen kannst.“

Wir gingen nebeneinander auf der Deichstraße entlang, vorbei an Karpfenteichen und Dorflädchen und Warnschildern wie „Vorsicht, freilaufender Zuchtbulle“. Das Leben auf dem Land habe ihn ruhiger gemacht, sagte Philipp: Vor einiger Zeit habe er das Kiffen aufgegeben, und gerade überlegte er, sich in nächster Zeit eine Wohnung zu kaufen. Für einen Musiker sei das eine vernünftige Überlegung, um finanziell unabhängig zu werden; und in absehbarer Zeit Kinder in die Welt zu setzen, dagegen spreche auch nichts.

„Mir fehlt hier nichts“, sagte er, „ich hab’ genug Möglichkeiten, Halligalli zu machen, ich bin nicht abgekoppelt oder isoliert. Und nach Berlin ziehen zum Beispiel, so was brauch’ ich absolut nicht.“

„Hoverwerder Fischzucht“ stand an der Einfahrt zu einem Angelteich, darunter ein Aufkleber: „Deutscher Karpfen – kostbar und köstlich“. Sebis Jeep parkte dort, der Hiphopper stand in einer Wathose bis zur Hüfte im Wasser und schwang die Angelrute mit der leuchtenden Fliegenschnur durch die Luft; er trug eine Weste mit vielen Taschen und eine riesige Sonnenbrille, die das halbe Gesicht bedeckte. Als er uns sah, kam er aus dem Wasser gewatet und schüttelte den Kopf.

„Das ist wieder so ein Wetter, wo die Forellen einen Meter aus dem Wasser springen“, sagte er, „und beißen tut nichts. Aber es sind coole Libellen unterwegs.“

Philipp und ich legten uns ins Gras und schauten zu, wie Sebi wieder zum Wasser ging und neue Würfe machte. Plötzlich piepste sein Handy – eine SMS: „Lust auf Armani-Show mit Champagner und hübschen Mädels?“

Ich machte mich auf, die letzten Kilometer bis zur Fähre, immer auf dem Elbdeich entlang. Im Gehen schaute ich über den trägen, großen Fluss; auf der anderen Seite lag Niedersachsen. Containerschiffe stemmten sich gegen den Wind, Sonnenstrahlen fielen durch die Wolken auf den Fluss wie durch ein Prisma.

Auf halber Strecke drehte sich vor mir ein älteres Ehepaar mit Fleecejacken und zwei tobenden kleinen Hunden um. „Jetzt muss ich doch mal fragen“, rief mir der Mann entgegen, er trug einen tief heruntergezogenen Schnurrbart und einen glitzernden Ohrstecker, „wo soll’s denn hingehen?“

Ich erzählte vom Weg nach Hause; nach Eschborn bei Frankfurt, und seine Augen weiteten sich. „Karin, hör dir das mal an mal, der junge Mann wandert bis nach Frankfurt."

Er begann von der größten Wanderung seines Lebens zu erzählen, im Sommer 1946, er steht als 15-Jähriger an einem Schlagbaum bei Salzwedel, dort, wo der russische Sektor zu Ende ist, und er will weiter Richtung Hamburg, seine Reise hat vor mehr als 15 Monaten in seiner Heimatstadt Memel an der Kurischen Nehrung begonnen. Die meiste Zeit war er zu Fuß unterwegs, und wenn er Glück hatte, konnte er ein Stück auf einem Kohlenwagen mitfahren.

„Da stand ich junger Kerl, schlank, aber'n Kerniger, so wie Sie. Und der Mond" – er drehte sich zur Elbe und holte mit beiden Armen aus – „hing sooo groß am Himmel, wie 'ne reife Orange."

Sie drängen sich vor dem Schlagbaum, und irgendjemand ruft: „Die Russen lassen wieder welche rüber." Und die Menschenmenge setzt sich in Bewegung, und genau vor seiner Nase lässt der Russe die Schranke wieder runter. „Mensch!", ruft eine ältere Bäuerin dem Mann zu, „lass ihn rüber, der will zu seiner Mama", und sie macht ein paar Schritte auf ihn zu, „verstehst du? Ma-ma! Matka!" Der Russe brummt etwas, lässt ihn durch, und die alte Frau reicht ihm zum Dank ein gekochtes Ei, und kurz danach ist die Reise doch zu Ende: Alle jungen Männer werden von den Russen wieder eingesammelt.

Mit einem Treck russischer Soldaten geht es zurück Richtung Osten. Irgendwann gelingt es ihm, nachts aus der Gruppe zu türmen; er setzt seine Reise zu Fuß fort, und im Jahr 1948 schließlich ist er in Lübeck und geht nach Jahren zum ersten Mal wieder auf eine Schule.

„Das Verheerende war", sagte er, „die Klassenkameraden waren alle zwei, drei Jahre jünger. Aber ich habe gebüffelt wie ein Tier, um alles aufzuholen." Er saß inmitten von Arzt- und

Rechtsanwaltskindern, und er war der Flüchtling aus Klaipeda, und das ließen ihn die anderen spüren. „Wir waren da alles andere als gern gesehen, die hatten wenig Lust, das bisschen, was sie hatten nach dem Krieg, mit uns zu teilen."

„Wissen Sie", sagte er dann und schaute auf die Elbe, „wenn ich abends in der Küche sitze und 'ne Flasche Wein geköpft habe – dann kullern mir beim Gedanken an zu Hause schon noch die Tränen."

Er schimpfte über die sturen, hochnäsigen Hamburger; „in Memel, das war ein ganz einfaches Leben, man krebste sich durch heiße Sommer und bitterkalte Winter, und am Wochenende hat die ganze Familie in derselben Wanne gebadet, und die Fischer haben einem im Vorbeigehen mal einen Fisch in die Hand gedrückt, einfach so. Man kannte sich, die Leute wussten, wer man ist. Und hier?"

In Süddeutschland seien die Leute anders, freundlicher zu Fremden; dort lasse man auch mal fünf gerade sein. „Na ja, das werden Sie ja merken auf Ihrer Reise."

Mit der linken Hand hob er zwei fest verknotete schwarze Tütchen vom Boden auf, es waren die Häufchen seiner beiden Hunde, und mit der rechten drückte er mir die Hand: „Machen Sie's gut. Und gehen Sie unterwegs nicht immer nur dahin, wo alles schön clean und koscher ist, gehen Sie auch mal in die dunklen Pinten, da hören Sie die echten Geschichten."

Am Fähranleger hatten sich Motorradfahrer mit grauen Haaren und Halstüchern versammelt und tranken Kaffee aus Pappbechern, und ich versorgte mich am Imbisswagen mit einer Portion Pommes, höchste Zeit; dann stieg ich auf die Fähre und ließ mich mit wummernden Maschinen über das glitzernde Wasser tragen; die Sonne stand tief und wärmte mir mit letzter Kraft im kühlen Wind das Gesicht. Meine erste Landesgrenze, es war wie ein Flügelschlag.

3

Ich wachte auf in einem Gasthaus mit Zinnkrügen hinter gelben Butzenscheiben, bis Winsen hatte ich es geschafft, das erste Städtchen südlich vom Elbdeich. Zum Frühstück gab es Brötchen, Salami, ein hart gekochtes Ei und eine Warmhaltekanne voll Kaffee; in dem dunkel getäfelten Frühstücksraum saß ich alleine und hörte durch das gekippte Fenster, wie der Tag erwachte: Hunde kläfften und Autos sprangen an, und ich genoss das Gefühl, in einem fremden Haus aufgewacht zu sein und zu wissen, dass es gleich weitergehen würde.

Die Stadt lag weit hinter mir. Ich dachte an Jenny und an unseren Abschied; wir hatten vereinbart, dass wir uns nicht treffen würden, ehe ich am Ziel war; es wäre ein Leichtes gewesen für sie, in einen Zug zu steigen und mich irgendwo aufzusuchen und ein Stück mit mir zu gehen und dann wieder abzufahren, aber ich fürchtete dieses Aufeinanderprallen zweier Welten; die eine Welt, in der man am Tag fünfundzwanzig, vielleicht dreißig Kilometer vorankommt und dann mit schmerzenden Füßen in irgendein Nachtlager sinkt, von dem man bei Tageslicht noch nicht wusste, dass es existiert, und die andere, in der man in einen Zug steigt und ein bisschen in Gedanken versinkt und ein paar Bäume und Häuser vorbeiziehen sieht und dann wieder aussteigt. Hätte sie mich auf halber Strecke aus dieser Welt heraus besucht, womöglich hätte ich allen Mut fallen lassen und wäre mit ihr zurück in den Zug gestiegen.

Die Wirtin, eine kleine kompakte Frau mit grauen Haaren, erzählte ein bisschen vom immer schnelleren Wandel des Städtchens; viele kleine Geschäfte hätten in den letzten Jahren aufgeben müssen, weil draußen an der B 4 ein großes Einkaufszentrum eröffnet hatte, und für die alten Leute mit Gehhilfe sei das ein reichlich beschwerlicher Weg. „Und hier ziehen nur noch Ausländer her. Im Prinzip hab' ich ja nichts gegen Ausländer, aber na ja, Sie wissen schon: ‚Gleiche Rechte, gleiche Pflichten', sag' ich immer."

Das Gasthaus lebte hauptsächlich von Familienfeiern und Tagungen; und die fünfte Generation, die Generation ihrer Tochter, würde die letzte sein. „Meine Enkelin ist auf dem Gymnasium, sechste Klasse, und wir sagen ihr immer: ‚Lern was Ordentliches, das Leben kann auch einfacher sein.' Das hier ist doch Knüppelarbeit. Du schlägst dir die Nächte um die Ohren und musst bei allem immer höflich sein." Gutes Personal sei auch kaum noch zu finden, „was wollen Sie denn mit einer Kellnerin, die nicht rechnen kann. Und wenn dann doch mal jemand Vernünftiges dabei ist – dann erzählen Sie denen mal, dass sie Samstag und Sonntag durcharbeiten sollen."

Ich fragte sie nach dem Weg Richtung Lüneburg. „Immer geradeaus", sagte sie, „bis Sie – Entschuldigung – zu einem Friedhof kommen." Sie kam noch aus einer Zeit, in der man sich dafür entschuldigte, ein Wort wie „Friedhof" auszusprechen.

Eine kleine Ewigkeit wanderte ich an einem schnurgeraden Kanal entlang, immer oben auf dem Deich; unermüdlich blies mir ein aggressiver Wind entgegen, ein Wind, wie er so oft über die Norddeutsche Tiefebene hinwegfegt, wo ihm weder Berge noch Wälder Widerstand leisten. Unter einem einsamen Apfelbaum hatte ein freundlicher Mensch eine Bank aufgestellt, ich setzte mich und sah in der Ferne den Kirchturm, den ich an diesem Morgen hinter mir gelassen hatte. Von vorne wärmte die Sonne, von rechts blies der Wind und machte es fast unmöglich, eine Landkarte aufzufalten; ständig hatte ich Angst, er würde mir meine Notizen aus der Hand reißen und über die hohen Hecken eines Vorgartens wehen.

Der Weg führte vom Deich hinunter und machte plötzlich einen scharfen Knick, laut Karte aber musste ich weiter am Kanal entlang, also stapfte ich durch das wuchernde Gras am Ufer; es war noch nass und wurde höher und höher, und am Himmel zog Dunkelheit auf.

Als der Regen kam, ging ich einfach weiter; weit und breit war nichts zum Unterstellen, ich schaute den Kringeln auf der Wasseroberfläche zu, die dichter und dichter wurden. Auf der Kapuze meiner Regenjacke klopfte es, an den Ärmeln sah ich die Tropfen abperlen, aus dem Klopfen wurde ein Prasseln, und nach kurzer Zeit klebten die Hosenbeine an den Waden. Nach ein paar endlosen Minuten durch nasses Gras war der Regen vorüber, und die Sonne zwinkerte wieder durch die Wolken, als wollte sie sagen: War nur ein Scherz.

Ich kam wieder auf einen befestigten Weg und in ein Dorf; sah ein Schild mit der Aufschrift „Fohlen-Notdienst - Aufzuchtstation für mutterlose Fohlen", hinter einem Maschendrahtzaun liefen Gänse umher, vier, fünf Dutzend. Sie hatten sich streng nach Farbe und Muster geordnet; vorne die mittelgrau gescheckten mit den orangefarbenen Schnäbeln, dahinter die hellgrauen, und ganz hinten die mit den dunklen Hälsen und dunklen Schnäbeln. An einer Backsteinwand prangten zwei gemalte Zielscheiben; der Herr des Hauses war im Abstand von zwanzig Jahren zweimal Schützenkönig des Dorfes geworden. Die Sonne schien mir ins Gesicht, und im Gegenlicht begannen feine Tröpfchen zu wirbeln, leichter als Nieselregen, schwerer als Nebel.

Im Dom zu Bardowick ruhte ich mich aus, es war ein mächtiger Backsteinbau, fast ein bisschen groß für ein solches Städtchen; mit zwei Türmen, die an Zipfelmützen erinnerten. Drinnen war es kühl, aber trocken. In einer Ecke hingen Gemälde des New Yorker Künstlers Jerry Zeniuk. Er wurde 1945 in Bardowick geboren, nachdem seine Eltern aus der Ukraine vertrieben worden waren. „Seine Kunst hängt in Museen der Welt", erklärte ein an die Pinnwand gehefteter Artikel aus der Lokalzeitung, „und nun kehrt Jerry Zeniuk heim."

Der Maler hatte dem Reporter erklärt: „Ich bin dankbar für die Möglichkeit, für diesen Ort zu arbeiten. Ich entdecke in diesem Prozess etwas für mich. Was das ist, kann ich noch nicht sagen."

Eines der Bilder war ein halbkreisförmiges Stück Leinwand, darauf eine orange-gelbe, runde Fläche; ein anderes zeigte fünf bunte Kreise, untereinander angeordnet. „Jedes Psychologisieren und Literarisieren seiner Kunst", hieß es im Zeitungstext, „lehnt Zeniuk ab." Im Gästebuch zur Ausstellung durften sich die Besucher trotzdem als Kunstkritiker versuchen. „Nur wer die Form beherrscht, darf sie verletzen", hatte eine gewisse Marianne M. mit zackiger, nach rechts oben strebender Handschrift im Gästebuch vermerkt, „das kann ich in Herrn Zeniuks Werken nicht erkennen." Jemand anders schrieb in krakeligen Buchstaben: „Kunst ist nicht erklärbar, sollte sich aber im Raum einfügen, was ich hier nicht empfinden kann."

Gegenüber stand ein Holztischchen, darauf lag ein weiteres Gästebuch, es gehörte zur Kirche. Neugierig begann ich zu blättern.

„Lieber Gott", stand da, „lass unsere geliebte Claudia, unseren Sonnenschein, nach zwölf Jahren wieder essen!"

„Lieber Gott, warum musste ein wundervoller, freundlicher und hilfsbereiter Mensch wie Kai von uns gehen? Warum trifft es ausgerechnet Kai?!"

„Und wieder bin ich in Bardowick und suche nach Andrea. Vielleicht klappt es ja diesmal."

„Wie schade, dass im Paradies links eine Gerümpelecke vorhanden ist und am Chorgestühl ein Rednerpult. Die uralte Schnitzerei ist nicht zu sehen – sehr, sehr schade!"

Knarzend öffnete sich die schwere Tür, drei Männer in Beige schlenderten herein, und einer von ihnen rief: „Was notieren Sie da?"

Ich zuckte zusammen. „Ach, nur so Gedanken. Reisenotizen."

Er kam näher und schaute auf meine Wanderstiefel. „Wo soll's denn hingehen?"

„Frankfurt."

Er kam einen Schritt näher und starrte mich an. „Kein Scherz?"

Dann begann er zu erzählen, von seinen „wilden Jahren", als er im Allgemeinen Deutschen Fahrradclub als Tourenberater aktiv war und die ganz großen Expeditionen plante – aber zu Fuß, na ja, das sei ja noch ein ganz anderes Kaliber. „Haben Sie denn gutes Kartenmaterial?" Ich zeigte ihm meine Karte, eine von vieren, die sich zu den Regionen zwischen Hamburg und Frankfurt zusammenfügten; der Regen und der Wind hatten ihr zugesetzt.

„Eins zu zweihunderttausend?" Er schnaubte abfällig. „Na, das ist doch Mist." Er schaute auf den kleinen Rucksack, der tropfnass neben mir auf dem Boden lag. „Und dann haben Sie wahrscheinlich nicht mal 'n Kompass?! Mensch, holen Sie sich wenigstens einen Kompass, der kostet 'nen Euro fünfundsiebzig."

Ich dankte für den Ratschlag und ging weiter; wenigstens bis Lüneburg wollte ich es schaffen; gegen Abend wurde jeder Kilometer länger, und als ich endlich ankam, glänzte die Altstadt im späten Sonnenlicht, und in den Straßen sah ich junge Menschen, überall; ein Anblick, der nicht mehr selbstverständlich war, seit ich die Ausfallstraßen von Hamburg verlassen hatte.

Am Rand des großen Platzes in der Stadtmitte entdeckte ich zwei Jungs mit Schlaghosen aus dickem Cord und ausladenden Hüten; Gleichgesinnte! – dachte ich und ging ihnen nach, legte einen Schritt zu und holte sie schließlich an einer Kreuzung ein.

„Entschuldigung!", rief ich.

Einer drehte sich langsam um. „Ja?"

„Ihr seid auch auf Wanderschaft, oder?", keuchte ich. „Wohin geht's denn?"

„Süden", brummte der eine. Der andere zuckte mit den Schultern.

Sie hießen Didi und Hauke, kamen aus Schleswig und Flensburg, hatten sich gerade zufällig auf der Straße kennen gelernt und durften sich nach der Gesellenprüfung als Zimmerleute drei Jahre und einen Tag lang nicht ihrem Heimatort nähern.

„Habt ihr schon was zum Übernachten?"

„Wir gehen gleich in das Haus von unserer Vereinigung, da gibt's was zu essen, und dann schlafen wir auch da."

„Okay, das ist wahrscheinlich nur für Mitglieder, oder?"

„Denk' schon", brummte Didi, ich ging noch ein Stück neben den beiden her, dann sagte er: „Du wirst sicher auch noch was finden heute Abend."

Ich kam mir vor wie ein elender Amateur in meinem karierten Hemd; natürlich, sie waren Profis, Wandergesellen, wieso sollten sie sich mit mir abgeben?

Ich machte mich auf in Richtung Unicampus am Rand der Stadt, und sah junge, gut gelaunte Menschen vor mir, wie sie in die letzten Strahlen der Spätsommersonne blinzeln würden und plaudern und Bier trinken und sich auf ein rauschendes Fest einstimmen, in einem der Studentenheime, an diesem wie an jedem Abend der Studentenwoche. Ich würde mich in das Treiben stürzen und schon unterkommen; mit der Isomatte in einer ruhigen Ecke, oder wer weiß wo.

Nichts dergleichen. Der Campus war ein ehemaliger Kasernenhof, gesäumt von lang gestreckten Backsteinbauten, menschenleer; ein paar alte Fahrräder steckten in den Ständern, das Campuscafé hatte geschlossen, nur im Supermarkt brannte Licht. Es war Mitte September, ich hatte die Rechnung ohne die Semesterferien gemacht.

Eine Weile schlenderte ich ziellos umher, es dämmerte, und abgesehen von der Party, die ausblieb, hatte ich keine Ahnung, wie ich an einen Schlafplatz kommen sollte.

Aus einem der Gebäude kamen zwei Mädchen. Ich eilte hinterher und fragte nach einem Studentenwohnheim, deutete auf meinen Rucksack und erzählte von meiner Reise und der Isomatte, die ich dabeihatte, und von ganz bescheidenen Ansprüchen; nur ein Dach über dem Kopf müsste es sein.

„Studentenwohnheim – ja“, sagte die eine, da gebe es mehrere, aber ob man da jetzt jemanden antreffen würde?

Sie überlegte einen Moment. „Also ... theoretisch könntest du auch bei uns übernachten.“

Überglücklich folgte ich den beiden in den Supermarkt, wir kauften Vollkornbrot, Käse, Putenbrust und Apfelsaft für das Abendessen, nicht ohne penibel die Preise zu vergleichen, an der Kasse teilten wir den Betrag durch drei.

Meine Gastgeberin hieß Julia und studierte im dritten Semester BWL; ihre Freundin Annika war zu Besuch aus der Heimat, aus Wolfsburg. Wir stiegen die Treppen hoch, die WG war in einem zweistöckigen, backsteinernen Mietshaus; im Flur stand Richard, ihr Mitbewohner, mit kugelrunder Afrofrisur und lila Parka mit Aufnähern wie „Atomkraft – nein danke“ und Greenpeace-Regenbogen. „Tobi pennt heute Nacht hier“, erklärte sie, „er ist auf der Durchreise“, als wäre es das Selbstverständlichste auf der Welt.

Ich bekam das Mansardenzimmer, aus dem ein Mitbewohner gerade ausgezogen war; das Bett stand noch drin, ich breitete meinen Baumwollschlafsack auf der Matratze aus, zerrte frische Unterwäsche aus dem Rucksack und das winzige Reisehandtuch. „Sag mal“, fragte ich Julia, die gerade in der Küche den Tisch deckte, „wäre es in Ordnung, wenn ich kurz unter die Dusche springe?“

„Mmmh“, machte sie, und ihr Blick sagte: „Oje.“

Ich ging ins Bad; das Gefühl, die Gastfreundschaft um einen Hauch überreizt zu haben, war leichter zu ertragen als die Aussicht, in nass geschwitzter Kleidung am Esstisch zu sitzen.

Nach dem Essen machten wir uns auf in die Stadt, etwas trinken gehen; gerade als Julia die Wohnungstür zuziehen wollte, klingelte das Telefon, sie ging zurück und nahm ab, und im Treppenhaus hörte man sie mit jemandem streiten: „Mensch“, rief sie immer wieder, „ja, ist ja gut, nun mach mal keine Panik.“

Zu viert durchquerten wir einen stockdunklen Park, die Füße schmerzten, ich verfiel in ein leichtes Humpeln, aber den Abend wollte ich mir auf keinen Fall entgehen lassen; wer weiß, wann ich wieder unter Leute komme, dachte ich.

Die Altstadt mit ihren Fachwerkhäusern und dem großen Marktplatz wirkte feierlich im Dunkeln. „In den Semesterferien ist hier echt überhaupt nichts los“, sagte Julia entschuldigend, und Richard murmelte: „Ist hier sonst so viel los?“ Es war ihm nur recht; „ist doch schön, so entspannt.“

Richard studierte Umweltwissenschaften und verbrachte seine Freizeit als Auslandssekretär im Deutschen Jugendbund für Naturbeobachtung; er organisierte Zeltlager in Schweden.

Die drei führten mich in eine Bar, die mit „Live Music“ warb, an dem Abend aber war es still, wir waren fast die einzigen Gäste; es gab große Cocktailgläser mit Ananasscheiben und künstlichen Palmen, zum Happy-Hour-Preis; nur Richard murmelte: „Ich bleib dann doch lieber beim Bier.“ Wir sprachen über die Vorzüge des Studentenlebens. Richard spielte mit dem Gedanken, ein bisschen herumzureisen und auf Biohöfen zu arbeiten; die weite Welt reizte ihn nicht allzu sehr, Europa genügte ihm, und wer weiß, vielleicht würde er irgendwann auch eine Familie gründen.

Julia träumte von einem großen Hof, auf dem sie mit ihrer Familie und Pferden und Hunden leben könnte; Familie, auf jeden Fall, aber erst einmal einen einigermaßen sicheren Job finden; arbeitslos zu sein und sich nutzlos fühlen zu müssen, das wäre das Schlimmste. Und erst einmal wollte sie reisen, natürlich; ein paar Monate Australien, Neuseeland, wer weiß.

„Das Problem ist nur“, sagte Richard und fuhr sich durch seinen struppigen Bart, „Fliegen ist echt übel für die Umwelt.“

„Na klar“, erwiderte sie, „aber wenn ich nun mal für neunzehn Euro hin- und zurückkomme, dann habe ich mir das nicht ausgedacht, und wenn ich's nicht mache, dann machen's die anderen trotzdem.“

Als wir die Bar verließen, sagte Julia beiläufig: „Übrigens, vorhin am Telefon, das war meine Mutter. Sie hat sich extrem aufgeregt, dass ich einen Fremden in die Wohnung aufgenommen habe.“ Sie lächelte. Ich malte mir aus, was wohl in diesem Moment in den Alpträumen der Mutter alles passierte; was für eine dunkle, unrasierte Gestalt da gerade über ihre Tochter herfiele. Nur was die panzerknackerhaften Bartstoppeln anging, lag sie mittlerweile nicht mehr ganz daneben.

Wir stiegen auf einen kleinen Berg am Rand der Altstadt, der Weg hinauf war holprig und zwischen den Bäumen war es fast stockdunkel; die Mädchen gruselte es ein bisschen, und sie klammerten sich fest aneinander. Oben schauten wir auf die Lichter der Stadt, im Westen, wo die Sonne untergegangen war, sah man noch ein bisschen Helligkeit, und der Himmel war voller Sterne. „Ist das da die Milchstraße?“, fragte Annika, während Richard versuchte auszumachen, in welcher Richtung das Kernkraftwerk Krümmel stand; „guckt mal, ein Seepferdchen“, sagte Julia und zeigte auf eine Wolke, die über uns hinwegzog.

„Und das da hinten“, sagte Richard und deutete auf eine Reihe blinkender roter Lichtpunkte in der Ferne, „das müssten die Windkrafträder sein, die sie neulich hochgezogen haben.“

4

Du hast dich übernommen, dachte ich, als ich am Morgen aus der Stadt ging; das dauert noch ewig. Lüneburg reichte tiefer ins Land hinein, als ich erwartet hätte, es war frisch an dem Morgen, man hätte fast Handschuhe gebrauchen können, und in den ersten Stunden des Tages sah ich nichts als Landstraßen und Zuckerrübenfelder und Dörfer mit Namen wie „Oedeme". Die Menschen in der Gegend hatten sich für ein Leben im Backstein-Neubau entschieden; ihre Einfamilienhäuser glichen wie ein Bauklotz dem anderen, ab und zu war ein Spielplatz in die Siedlung eingelassen, ringsherum zogen sich Rübenfelder bis zum Waldrand.

Ich verlief mich immer wieder; meine grobe Karte zeigte kaum Fußwege, und es war niemand da, den ich nach dem Weg hätte fragen können. Ich ging der Nase nach; auf die Sonne war kein Verlass an diesem Tag, und mein Ehrgeiz, den Straßen fernzubleiben, schwand rapide, als links von mir hinter einem Hügel die Windräder wieder auftauchten, die ich eineinhalb Stunden vorher aus etwa der gleichen Distanz gesehen hatte.

Die Landschaft war verwirrend eintönig; ich versuchte, mich an den Himmelsrichtungen zu orientieren, wenn möglich gen Süden, dort, wo die Wolkendecke ab und zu ein bisschen mehr Licht durchließ. Die Himmelsrichtungen bekamen Eigenschaften: Süden war gut und freundlich und sonnig, da lag das Ziel; Westen war auch in Ordnung, Osten war an manchen Abzweigungen ein notwendiges, vorübergehendes Übel, und Norden war böse; im Norden lag wieder Hamburg, jeder Schritt nach Norden nagte an der Willenskraft.

Auf einem Bauernhof aus dem 17. Jahrhundert ließ ich mir die Trinkflasche mit Wasser aus der Leitung füllen. Die Bäuerin war etwa Mitte dreißig und hatte hübsche dunkle Locken, ihr Sohn preschte mit seinem Fahrrad über den Hof. „Er wird den Betrieb nicht übernehmen", sagte sie, „unser Hof ist nicht groß genug, um zu überleben, nur die ganz großen Höfe haben in Zukunft noch eine Chance."

Ich dachte an das Schanzenviertel in Hamburg, ein winziges Fleckchen Deutschland, das mehrere Tagesmärsche zurücklag, und an die Milchschäumer und die Leute mit den ins Gesicht gekämmten Haaren; und die abendfüllenden Diskussionen um Vor- und Nachteile von Berlin und München oder Windows und Macintosh schienen mir wie Szenen aus einer anderen Welt. Am Straßenrand standen drei Männer vor einem mächtigen Traktor-Anhänger voll Kartoffeln; es waren wohl Großvater, Vater und Sohn, die da an einem Laufband gemeinsam die Ernte sortierten. Auf einer Brücke blieb ich stehen und schaute hinunter auf das Flüsschen, in dem lange Pflanzenstränge in der Strömung wedelten, und dachte an den Westerbach in Eschborn. Was wäre, dachte ich, wenn wir nie weggezogen wären?

Ich hatte noch fünf Euro in der Tasche und steuerte Egestorf an; die Größe des Ortes auf der Karte ließ auf einen Geldautomaten hoffen. Einige Kreuzungen weiter stellte ich fest, dass ich wieder falsch abgebogen war. Zurückgehen kam nicht in Frage, nicht schon wieder. Ich beschloss, auf dem Weg zu bleiben; am Abend würde ich Evendorf erreichen und von dort aus am nächsten Tag die Lüneburger Heide durchqueren. Evendorf war auf der Karte deutlich kleiner als Egestorf. Ich beschloss, auf mein Glück zu vertrauen.

Nach einem quälend langen und geraden Stück Bundesstraße ließ ich mich an der Einmündung eines Feldwegs im Schneidersitz nieder und begann, mit klammen Fingern die übrigen Möhren aus den Vierlanden abzuschaben. Das verschwitzte Hemd haftete kalt auf der Haut, nach Evendorf waren es noch mindestens zehn Kilometer, aus dem Erkundungsspaziergang war allmählich ein strenger, zäher Marsch geworden. Ich dachte an Jenny und an die warme Decke. Vor einer Woche hatte ich noch in einem Hotel in Brüssel übernachtet und mich bestens aufgehoben gefühlt. Die Sehnsucht nach zu Hause gedeiht auf Kälte und Alleinsein, dachte ich, ohne Mangel an Geborgenheit kein Heimweh. Ein paar Meter weiter sah ich auf Augenhöhe die Autos vorbeirasen.

Am späten Nachmittag wurde es besser, von der Bundesstraße war ich auf einen Sandweg durch lichten Wald abgebogen, die Sonne war wieder da und wärmte mich ein bisschen. Die Geräusche der Autobahn kamen allmählich näher; ein Zeichen, dass Evendorf an der A 7 nicht mehr weit sein konnte.

Es dämmerte, als ich ankam mit meinen fünf Euro in der Tasche. Evendorf hatte keinen Geldautomaten. Ich sprach eine ältere Frau mit roten Wangen und Kopftuch an, die gerade dabei war, Unkraut zu jäten; ich sei gerade auf einer langen Wanderung, erklärte ich ihr.

„So sehen Sie aus." Sie erhob sich aus der Hocke, stützte sich auf ihre Harke und musterte mich halb mitleidig, halb abschätzig. Im vergangenen Jahr sei ein Mädchen durch Evendorf gewandert, sagte sie, aus Sachsen-Anhalt, und wollte ganz Deutschland in westlicher Richtung durchqueren. „Die hatte allerdings Sandalen an", sagte die Frau, „nicht so schöne feste Schuhe wie Sie." Ich fragte, ob es im Ort einen Bauern gebe, mit Strohballen in der Scheune, und schielte auf das schöne, alte Haus hinter ihr. Sie wies die Straße hinab, zur nächsten Kreuzung, dann nach rechts.

In der Einfahrt eines Hofes kam mir ein breitschultriger Mann im Blaumann entgegen, sein Hund galoppierte auf mich zu und begann mir schwanzwedelnd die Hand zu lecken. Auf meine Frage nach dem Stroh zögerte er, verschwand kurz ins Haus, ich hörte ihn und einen anderen Mann diskutieren, seine Frau, die am Auto wartete, starrte entnervt an mir vorbei; dann kam er und führte mich in die Scheune, in der sich die Ballen, mannshohe Strohwürfel, bis unter die Decke stapelten.

„Geht das?"

„Wunderbar", sagte ich und hatte keinen Schimmer, wie ich heil nach oben gelangen sollte.

Duschen könne ich auch, erklärte der Mann, Jan hieß er, und zeigte auf eine Baracke, an deren Wand ein aufgerollter Gartenschlauch hing.

„Ah, mit dem Schlauch?", fragte ich.

„Nein, da drin, Mensch." Er schloss die Tür auf, es war eine Werkstatt mit Badezimmer und Toilette und einem Becher Handwaschpaste auf dem Waschbeckenrand.

Die fünf Euro, die ich ihm bot, lehnte er mit entschlossenem Kopfschütteln ab, wünschte mir eine angenehme Nachtruhe und verschwand. Ich ließ meinen Rucksack im Eingang der Scheune, zog den Fleecepullover über das kalt verschwitzte Hemd und spazierte die Straße entlang durch den Ort. An einem Straßenstand für durchfahrende Städter kaufte ich von meinem letzten Geld eine Mettwurst und zwei Äpfel, setzte mich auf eine Bank und schaute den Autos mit Hamburger Kennzeichen nach; eine Dreiviertelstunde, schätzte ich. Ich lehnte mich zurück und sah zu, wie es dunkel wurde und die Gäste aus Omas Bratkartoffelhus in ihre Autos stiegen und davonfuhren und das Dorf sich schlafen legte.

In der Scheune tastete ich nach dem Lichtschalter, Neonröhren sprangen flackernd an und tauchten die aufgetürmten Strohballen in grelles Licht, mein Atem formte Dampfwölkchen. An einer

Wand lehnte eine Holzleiter, die wuchtete ich an die Strohwand und hievte mich mit dem Rucksack ganz nach oben. Zwischen den Ballen spannten sich seidige, dicht gewobene Spinnennetze; der Geruch gemähter Wiesen stieg mir in die Nase. Ich rollte die Isomatte aus und den dünnen Baumwollschlafsack; die Hose und den Fleecepullover behielt ich an. Mit dem Rest Wasser aus der Trinkflasche schluckte ich eine Tablette gegen den Heuschnupfen und ließ das Licht an; der Schalter war eine halsbrecherische Kletterpartie entfernt.

Als ich um halb eins aufwachte, hatte die Kälte sich tief ins Gesicht und in die Beine vorgearbeitet. Es war ganz still, nur die Neonröhren summten leise und überzogen alles mit ihrem Fabriklicht. Ich zerrte die zweite Hose aus dem Rucksack und zog sie über die andere, rollte ein zweites Paar Socken über die Füße und wickelte mich wieder in den Schlafsack. Um drei Uhr fünfundzwanzig zog ich mir die Regenhose und die Regenjacke über und legte mir die letzte saubere Unterhose aufs Gesicht, nur die Nase blieb frei. Als endlich der Hahn krähte, klebte die Gummihose, von innen nass vor kaltem Schweiß, eng an den Beinen.

„Du hast Glück gehabt, dass du bei mir gelandet bist", sagte Jan, als er mir über den Hof entgegenkam, einen dampfenden Kaffeebecher in beiden Händen. „Wer weiß, ob die echten Evendorfer dich aufgenommen hätten."

Er lud mich in die Küche ein und brachte mir Kaffee, Toast und ein Glas Marmelade. Beim Aufschrauben sah ich, dass der Deckel von innen mit kleinen bläulichen Schimmelflecken übersät war, aus Höflichkeit bestrich ich meinen Toast dennoch damit.

Jan war Mitte vierzig und stammte aus Hamburg; den Hof hatte er vor elf Jahren mit seinem Bruder zusammen gekauft. Die beiden verdienten ihr Geld als freiberufliche Elektroingenieure; er arbeitete bei verschiedenen Firmen im Hamburger Hafen und war früher als Techniker zur See gefahren. „Die Leute hier sind schon ein ganz eigener Schlag", sagte er. „Wenn man neu in die

Gemeinschaft kommt, darf man sich bloß nicht aufdrängen. Irgendwann wird die Neugier zu groß, dann kommen sie von selbst." Evendorf gehörte zur Gemeinde Egestorf, der Bürgermeister saß auf der anderen Seite der Autobahn, und um ihre Identität zu stärken, hatten die Evendorfer jedem Straßenschild ihren Ortsnamen vorangestellt.

Mit der eigenen Werkstatt sei kaum etwas zu verdienen, erzählte Jan, einmal hatte er einem Nachbarn die Klimaanlage vom Mähdrescher repariert; das hätte 160 Euro gekostet, aber um der Integration in die Dorfgemeinschaft willen hatte er sich mit einem Doppelzentner Kartoffeln zufrieden gegeben. „Wenn ich auf dem genauen Gegenwert bestanden hätte", sagte er, „dann hätte er mir ziemlich genau eins Komma sieben Tonnen geben müssen."

Ich fragte, was er mit dem vielen Stroh mache.

„Das gehört einem Bauern aus dem Ort. Der dachte, er macht nach dem trockenen Sommer 2003 ein Riesengeschäft damit; die Holländer würden kommen und ihm alles wegkaufen, für die Tiere. Die Idee hatten dann aber alle."

Auf einer schmalen Straße ging ich zwischen gepflügten Äckern unter der Autobahn hindurch; die Sonne schien, an den Grashalmen haftete Tau, der Schmerz aus Muskelkater und Kälte in den Beinen war bald verschwunden. Ich betrat die Lüneburger Heide, den Nationalpark. Der Weg aus buckligen, abgeriebenen Pflastersteinen wand sich durch eine offene Landschaft aus Hügeln, über die sich ein Teppich aus weinrotem Heidkraut schmiegte, und in weiten Abständen reihten sich Birken mit ihren weißen Stämmen am Wegrand. Eine Weile ging ich neben einem Pferdewagen voller Rentner aus Berlin her; ein großes Hallo ging durch die Reihen, als ich von meinem Vorhaben erzählte; eine Oma mit wilden Locken reichte mir Schokobonbons.

Mitten in der Heide stand ein Museumsdorf mit Holzhäusern, deren Reetdächer fast bis zum Boden reichten. Ich lernte, dass die Heide noch im 18. Jahrhundert als „erbärmlicher und unwirtlicher Landstrich" galt, dessen „baumlose Öde" Reisende ebenso abstieß wie die „Ärmlichkeit ihrer Bewohner". Der Dichter Joseph Freiherr von Eichendorff hatte in einem Tagebuch des Jahres 1805 seine Irrfahrt durch die Heide verflucht: „So weit das Auge reicht, kein Baum, kein Mensch ... überall nichts als Himmel und Erde. Wie auf einem einsamen Meer durchschifften wir diese dürre Fläche, doch leider ohne Kompass."

Ich erklomm den Wilseder Berg, die höchste Erhebung der Norddeutschen Tiefebene; der Aufstieg auf den 169 Meter hohen Gipfel verlief ohne nennenswerte Zwischenfälle. Ein Schild versprach bei klarem Wetter einen Blick auf die Türme von Hamburg, aber obwohl der Himmel blauer nicht hätte sein können, war von Hamburg keine Spur. Das Grün wogte bis zum Horizont, dann und wann durchzogen von kornfarbenen und heideroten Schlieren, und ganz hinten kreisten ein paar Windrädern. Keine Stadt in Sicht, nur einzelne Fleckchen in Weiß und Backstein; ich war froh, dass mir der Hohn erspart blieb, nach fünf Tagesmärschen den Kirchturm des Hamburger Michel vor Augen zu haben.

Der Tag plätscherte auf einem langen Sandweg zwischen Eichen und Birken dahin, an einer Wegkreuzung stand ein zankendes Ehepaar, neben sich die Fahrräder; die Frau hatte einen Achter im Vorderrad. „Du kannst nicht Fahrrad fahren, das isses", hörte ich ihn blaffen. „Und du kannst nicht bremsen", blaffte sie zurück.

Bevor ich den Nationalpark Lüneburger Heide wieder verließ, schaute ich mir in einem kleinen „Naturschutz-Zentrum" Schautafeln über die Symbiose zwischen Bienen und Heidschnucken an, jener widderartig gehörnten Schafe, die auf den Tageskarten der umliegenden reetgedeckten Gasthäuser als Gulasch, Bratwurst, Frikadellen oder Sülze feilgeboten wurden. Nicht nur als

Fleischlieferant machten sich die Schnucken nützlich; mit ihren Beinen, lernte ich, zerreißen sie auch die Spinnweben, die sonst den Bienen gefährlich würden. Während ich von Schautafel zu Schautafel schlenderte, lief im Hintergrund ein Film über die Balz der Birkhähne und über die Spuren, die einst die Gletscher in der Gegend hinterlassen hatten. „Dieser Mistkäfer wandelt sozusagen auf eiszeitlichen Spuren", hörte ich die Sprecherstimme sagen.

Der Duft der Brotfabrik umwehte mich, als ich in Schneverdingen ankam. Eine lange Einfallstraße führte sanft abwärts ins Zentrum, vorbei an Geschäften, die spezialisiert waren auf Autositzbezüge und Souvenirs aus Heidschnuckenfell. Eine Fußgängerzone gab es nicht, junge Leute ebenso wenig. Das Rathaus war ein Zweckbau in Backstein, vor dem Eingang bespieen sich Bronzefiguren gegenseitig mit Wasser.

In der Touristeninformation arbeiteten zwei blonde junge Frauen. Drei Viertel ihrer Klassenkameraden hätten nach dem Abitur die Stadt verlassen, erzählte die eine; und wer wie sie zu Hause geblieben war, hörte bei Klassentreffen ständig spöttische Fragen wie: ‚Und, bist du immer noch hier?'

„Ich sage dann immer: ‚Ja, allerdings.'" Sie versuchte, entschlossen zu schauen. „Vielleicht sieht die Stadt auf den ersten Blick ein bisschen spießig aus, aber so übel ist es echt nicht." Sie faltete den Stadtplan auf und ließ den Kugelschreiber über einer Gegend kreisen, in der die Straßen nach Insekten benannt waren. „Das hier sind alles Neubaugebiete, alles junge Familien."

„Was hält einen in Schneverdingen?", fragte ich. Sie überlegte, faltete den Stadtplan auf und ließ eine Weile den Blick schweifen, dann kringelte sie mit dem Kugelschreiber das neue Sportzentrum am Stadtrand ein.

Sie schickte mich zu einer misstrauischen, buckligen Frau mit Damenbart, die in ihrem Haus Zimmer an Monteure und Dahergelaufene wie mich vermietete. Ich bezog eine Dachkammer mit muffigem Teppich und warf mich aufs Bett; gut 35 Kilometer hatte ich zurückgelegt an dem Tag, aber weil Samstag war, zog ich ein frisches Hemd über und schleppte mich noch einmal ins Stadtzentrum.

Das einzige Zeichen jungen Lebens, das ich sah, waren tiefer gelegte Golfs und Opels, die in der Dämmerung mit wummernden Bässen an die Ampeln rollten. Ich ging in ein reetgedecktes Gasthaus, ließ mich auf den schweren Holzstuhl sinken und bestellte reichlich zu trinken und zu essen. Die Heidschnucken wurden in Form von Medaillons mit Buchweizenrösti serviert, und die beiden Bedienungen waren hübsch.

Sie trugen blauweiß karierte, lange Faltenröcke und am Rücken zugeschnürte Trachtenwesten über den weißen Blusen. Die eine hatte einen langen braunen Pferdeschwanz und große, unschuldige Augen; die andere, mit fransig gestutztem blondem Haar, faszinierte mich mit ihrem verschmitzten, geheimnisvollen Blick. Ich sprach die Dunkelhaarige an, weil es mir leichter fiel.

Sie kam aus Mecklenburg-Vorpommern und war erst zwei Monate in Schneverdingen. Vorher hatte sie in Österreich gearbeitet und sich sehr fremd gefühlt. „Hier ist es schon viel besser", sagte sie mit einem schüchternen Lächeln. „Es ist wenigstens nicht mehr Ausland." Der Gesprächsstoff war schnell aufgebraucht, sie beendete die Unterhaltung mit einem sachlichen „Dankeschön" und ging zum nächsten Gast.

Die Chefin ging von Tisch zu Tisch und stellte Kerzen auf. „Man kriegt so langsam das Gefühl, sich wieder zu Hause einmummeln zu müssen", sagte sie und deutete mit einem Kopfnicken zum Fenster, draußen war es dunkel und windig; mein Gesicht glühte vom Tagesmarsch durch Sonne und Wind und von der warmen Luft im Gasthaus. Die blonde Kellnerin begann, Tischdeckchen zu falten; als sie fertig war, tänzelte sie zurück zum Tresen und scherzte mit ihrer Chefin.

Ich nahm noch einen großen Schluck Apfelschorle, dann sprach ich sie an; fragte sie, was Schneverdingen an einem Samstagabend zu bieten habe.

Das schelmische Lächeln, das sie die ganze Zeit durch den Raum getragen hatte, gehörte jetzt mir. Sie arbeitete seit drei Monaten in dem Gasthaus, aber in Schneverdingen zu wohnen war für sie nie in Frage gekommen. Sie erzählte von dem Dorf, aus dem sie stammte und in das sie wie viele andere wieder zurückgekehrt war, nachdem sie ein Jahr in der Stadt gelebt hatte; „das war überhaupt nichts für mich. Zu laut, zu dreckig."

Ihr Heimatdorf sei ein lustiges Örtchen mit schöner klarer Luft, erzählte sie, ständig gebe es Scheunen- oder Schützenfeste, und an diesem Abend war zufällig Erntefest. „Also, wenn Sie Lust haben ..." Mit dem Taxi sei es keine halbe Stunde.

Da saß ich, als letzter Gast, und rang mit meinem Gewissen. Ich kann nicht, dachte ich; ich kann jetzt nicht in ein Auto steigen und alle Vorsätze vom strikten Zufußgehen über Bord werfen.

Aber ein Dorf mit Erntefest, fernab aller Großstadt-Clubs, genau das ist es doch, was du suchst.

Lass dich nicht einwickeln, du bist zu Fuß unterwegs und bleibst es auch.

Ich zahlte, bekam zum Abschied noch ein professionelles „Dankeschön" mit auf den Weg, ging und verfluchte meine elende Korrektheit. Die Kneipen mit Namen wie „Fiasko", „Blue Bird" oder „Night-Train", hinter deren beschlagenen Fensterscheiben sich ein paar Lederjacken drängten, konnten mir gestohlen bleiben; ich hatte gerade die Einladung aller Einladungen ausgeschlagen. Ich ging die Hauptstraße entlang unter den Laternen, dann auf Seitenwegen, die ganz dunkel waren; malte mir eine Scheune in glänzendem Licht aus, mit jungen Leuten, die tanzten und sich vergnügten; steckte die Hände in die Hosentaschen, schaute hinauf zu den Sternen und schlenderte zurück zur Pension.

5

Es gab Brötchen mit Schinken und geachtelte Tomaten mit Zwiebeln zum Frühstück und ein Weinglas voll Apfelsaft, und die alte Frau sagte zu mir, auf ihren Gehstock gestützt: „Gestern Abend dachte ich irgendwann: Hoffentlich war's ein guter Mensch!"

Sie hatte befürchtet, ich würde mit dem Schlüssel durchbrennen, weil ich um acht Uhr abends noch immer nicht zurück im Haus war. Nachträglich schob sie mir den Meldeschein des Fremdenverkehrsamtes und einen Kugelschreiber zu. „In Ihrem und meinem Interesse."

In dem kleinen Sportgeschäft gegenüber vom Rathaus kaufte ich einen kleinen, warmen Schlafsack. Der Verkäufer, knapp dreißig, hatte dünnes, mit Gel verklebtes Haar und abstehende Ohren und trug ein dunkelblaues Sweatshirt mit weißen Streifen auf den Ärmeln, am Hinterkopf schimmerte ein Ansatz von Glatze durch. Er fragte mich nach meinem Ziel. „Nach Hause", sagte ich, und er nickte andächtig. Er stammte aus Walsrode, einer knapp dreißig Kilometer entfernten Kleinstadt. Neun Jahre lang hatte er dort bei der Post gearbeitet, dann war er entlassen worden; „besser so", sagte er, die Arbeit sei mit jedem Tag härter geworden. Nach einem Praktikum in einem Sportgeschäft hatte er dann das Angebot bekommen, in der Schneverdinger Filiale anzufangen. Die Monatskarte fürs tägliche Pendeln kostete ein Vermögen, und ziemlich schnell sah er ein, dass es so nicht weitergehen konnte.

Er gab seine Position als Fußballtrainer einer Jugendmannschaft auf, zog in eine kleine Wohnung, drei Minuten vom Arbeitsplatz entfernt, und da saß er fortan jeden Abend und dachte an seine Freunde. „Und dazu kommt", sagte er, „dass die Freundin und der Kleine in Walsrode sitzen. Wir telefonieren täglich."

„Habt ihr vor zu heiraten?"

„Nein, nein, Freundin, also – im Sinne von *beste Freundin.* Und der Kleine ist mein Patenkind."

Auf dem Grasstreifen am linken Rand der Bundesstraße ging ich Richtung Süden. Von weitem sah ich einen Spielmannszug entgegenkommen und in eine Einfahrt einbiegen, gefolgt von einer Parade von Männern in grünen Jacken und grünen Hüten. Ich ging hinterher und schaute mir vom Rande das Geschehen an. Die Männer standen in Reih und Glied im Innenhof eines Gasthauses, hörten der Rede ihres Anführers zu und grüßten mit einem lauten „Gut Schuss!" den Schützenbruder, der mit seinem Vater extra aus Belgien angereist war. Als das Strammstehen vorbei war, kam einer der grünen Männer, der mich schon länger aus dem Augenwinkel beobachtet hatte, auf mich zu. Ich rechnete mit sofortigem Rauswurf.

„Musst nicht weitergehen", sagte er, „trink doch ein Bier mit uns."

Ich bekam einen Krug gereicht, die anderen stießen mit mir an, und nach ein paar großen Schlucken kam die nächste Runde. Es war das Erntefest zweier benachbarter Gemeinden, veranstaltet vom Schützenverein. Die Männer trugen alle grüne Jacken, mit Kordeln und glitzernden Abzeichen behangen, grüne Hüte mit Federn und Krawatten mit aufgesticktem Vereinsabzeichen. Die Frauen waren in Zivil. Einen kleinen Fülligen, der sich als Hartmut vorstellte, fragte ich: „Und, wie war die Ernte dieses Jahr?"

Er räusperte sich. „Na ja, Erntefest, das ist halt noch die traditionelle Bezeichnung. Wirklich geerntet wird hier nicht mehr viel. Die meisten von uns arbeiten irgendwo in der Stadt."

Bald hatte ich den zweiten Bierkrug in der Hand, Hartmut seinen dritten in der linken und den vierten in der rechten, was ihn aber nicht vom Gestikulieren abhielt. „Wen man ganz hoch loben muss“, sagte er und schwenkte den einen Krug in Richtung Innenhof, „das sind die da, die Jungs von der Feuerwehrkapelle. Die bringen das Gesellige rein. Ist kein Zuckerschlecken, die spielen von Mai bis Oktober jedes Wochenende auf einer anderen Veranstaltung im Landkreis.“

Neben uns knallte es ohrenbetäubend; jemand hatte die festlich polierte Kanone gezündet. Hartmuts Gesicht verzerrte sich vor meinem zu einem breiten Grinsen. Von allen Seiten drangen Gelächter und Trinksprüche.

Nach kaum einer Dreiviertelstunde war ich betrunken, es war halb vier am Nachmittag. Eine Frau um die vierzig und ein blondes, langbeiniges Mädchen kamen auf mich zu und fragten mich, wer ich sei. Sie winkten die Kellnerin mit dem Tablett voll Kornläschen heran, und jeder von uns kippte zwei davon hintereinander runter, zum Kennenlernen.

Hartmut weihte mich in die Feinheiten des Vereinslebens ein. Er war „Minister“, ein hohes Tier bei den Schützen, und natürlich auch in der Freiwilligen Feuerwehr. „Jede Ortswehr in der Gegend hat ein eigenes Fahrzeug“, erklärte er. „Das klingt jetzt erst mal nach viel. Aber wir hatten vor ein paar Jahren mal einen Verkehrsunfall, wo sich das ausgezahlt hat.“

Von einem Tablett, das durch die Menge getragen wurde, griff er zwei neue Bierkrüge. „Und das ist eben diese Gemeinnützigkeit, die ich meine. Nimm das Erntefest hier. Ohne Vereine gäbe es so was nicht.“

Die Schützenbrüder stellten sich in Zweierreihen auf, der Spielmannszug begann wieder zu spielen, und wieder in Reih und Glied ging es zum Gasthof im Nachbarort. Währenddessen erzählte Hartmut mit leuchtenden Augen. „Wir haben zwei Partnervereine, mit denen kooperieren wir. Wenn die Kollegen eine

Veranstaltung haben, dann schickt unser Verein eine Delegation; das heißt, ich frage bei uns nach: ‚Wer hat Lust mitzukommen?' Ist eine feine Sache. Und so wachsen die Vereine zusammen und damit auch die Dorfgemeinschaften."

Im Gleichschritt marschierten wir der Blasmusik hinterher, links und rechts Stoppelfelder und Wiesen, und schließlich blieben wir neben den Musikanten stehen. „Du glaubst gar nicht, wie wichtig Vereine für die Gemeinschaft sind", brüllte Hartmut mir ins Ohr. „Da werden gewisse Hierarchien gepflegt, die braucht man doch gerade als junger Mensch, das wird heutzutage von vielen unterschätzt."

Im Gasthaus machte ein Mann mit Orgel die Musik; ich tanzte zum Niedersachsenlied, lernte den Text von „O du schöner Westerwald" und fiel umgehend auf als Einziger, der sich in der Anonymität der Großstadt um alle Tanzkurse hatte drücken können. Eine betrunkene, lachende Frau namens Gudrun mühte sich, mir den Discofox beizubringen. „Wenn du willst, kannst du bei uns übernachten", rief sie mir mit glasigem Blick ins Ohr, während sie sich an mir festklammerte. Sie und ihr Mann hatten den Bauernhof ihrer Vorfahren zum Ferienhof umgestaltet. „Die eine Ferienwohnung ist gerade frei. Ist wirklich kein Problem."

Die Frauen vom Wurstwagen draußen auf der Straße hielten auch um zwei Uhr nachts noch tapfer die Stellung; aus dem Gasthaus drangen gedämpft Musik und Gelächter, ich bestellte Pommes und starrte zu den Hornissen hinauf, die gemächlich um die Neonlampen kreisten. Von der Seite sprach mich ein kleiner Mann mit kehliger Stimmfärbung an. „Du bist auch nicht von hier?" Es war der Vater des Schützenbruders aus Belgien. Sein Sohn stand neben ihm und verschlang gerade eine Currywurst, beide trugen die Uniformen und die Krawatten des Schützenvereins.

Sein Sohn hieß Kuen, war Mitte zwanzig und deshalb Ehrenmitglied, weil sein Opa freiwillig für die Wehrmacht gegen die Russen gekämpft hatte.

„Ich bin stolz auf das, was mein Vater getan hat“, sagte der ältere Belgier, legte eine Hand auf die Brust und schaute wie ein Dackel. Im Herzen fühle er sich als Deutscher, sagte er, Belgien sei kein richtiges Zuhause: „Wir müssen in unserer eigenen Hauptstadt Französisch sprechen. Dabei sind wir Flamen in der Mehrheit.“

Er verstehe uns Deutsche nicht, sagte er, auf der Autobahn sehe er so viele Toyotas und Mazdas; wo denn unser Nationalbewusstsein geblieben sei? „Ich fahre BMW. Und ich bin stolz. Warum seid ihr Deutschen nicht auch stolz? Man muss doch auch mal fragen: Was haben zum Beispiel die Australier mit den Aborigines gemacht?!“

Sein Sohn stieß ihn mit dem Ellbogen in die Rippen. Ich stopfte die letzten Pommes in mich hinein, wischte mir den Mund ab und murmelte so etwas wie „also dann“, verschwand in den Festsaal und schloss mich der großen Polonaise an.

Gegen vier Uhr dreißig war der Höhepunkt des Abends erreicht. Der Vorsitzende des CDU-Ortsvereins lud mich auf einen Korn ein, und ich durfte ihn Horst nennen.

6

Ein Freund aus Hamburg hatte mich in der Landhaus-WG eines Bekannten angekündigt; den Umweg nahm ich mit dem Restalkohol im Kopf gleichgültig auf mich. Mit jedem Kilometer, mit jedem Atemzug wich die Schwere aus den Beinen. Irgendwann waren um mich nur noch Wald und Felder; ich kam vorbei an Angelteichen, einer Fachwerkmühle, einem Pferdehof und abermals Wald und Feldern, und kurz vor dem Ziel passierte ich eine Kuhweide, die so entlegen war, dass die drei Kühe, als sie mich von weitem entdeckt hatten, wie junge Hunde auf mich zutrabten.

Die WG war in einem der drei Häuser, aus denen das Dorf bestand; es gehörte der Familie von Johann, Ende zwanzig, einem blonden Zimmermann, dem die halblangen Haare verwegen ins Gesicht hingen. Er führte mich durchs Haus.

„Mein Traum wäre, dass hier irgendwann so etwas wie eine Kommune entsteht", sagte er. Auf die Innenseite des Klodeckels hatte jemand mit Edding „Sitzklo, die Herren!" geschrieben; in der Küche hing ein Zeitungsausschnitt an der Wand: „Suche Mann mit Pferdeschwanz, Frisur egal." Im Wohnzimmer standen afrikanische Trommeln; über den Boden verstreut lagen Schlafsäcke und Decken. „Die Jungs von der BMX-Gruppe sind übers Wochenende da", erklärte Johann, „die haben nachher eine Show auf dem Kartoffelfest."

Auf der Terrasse trank ich einen Kaffee mit Stefan, fünfundzwanzig; er arbeitete als Tontechniker beim Fernsehen und war viel unterwegs. „Vor drei Jahren hätte mir keiner erzählen dürfen", sagte er, „dass ich mal samstags um elf Uhr abends in

Hartböhn ins Bett gehen würde." Er war aus Hamburg in die Land-WG gezogen, nachdem sich seine Freundin von ihm getrennt hatte. „Zu der Zeit ging's mir überhaupt nicht gut. Aber hier finde ich Nähe und Wärme; hier kann ich so sein, wie ich bin."

Die WG hatte Johann vor sechs Jahren in einem Haus gegründet, das später wegen eines Kabelbrandes bis auf die Grundmauern abgelodert war. Vom Versicherungsgeld hatte Johann dieses Haus im klassischen Heide-Stil bauen lassen. Irgendwann war eine der Mitgründerinnen mit einem Zwischenmieter durchgebrannt, das belastete die Atmosphäre immer noch ein wenig. „Die Grundidee ist", sagte Stefan, „dass hier eine Art Sport- und Kulturzentrum entsteht, mit BMX-Bahn und Kulturcafé, und dass sich jeder von uns auf seine Weise einbringt." Leise fügte er hinzu: „Ich halte mich da allerdings ein bisschen raus." Für ihn war die WG eine Durchgangsstation im Leben; das tägliche Pendeln zwischen Hamburg und Hartböhn war anstrengend, eines Tages würde er sicher wieder in die Stadt ziehen. „Das muss er!", rief das Mädchen, das ein Stück weiter auf einem Stuhl saß, mit einem Stapel Schulunterlagen auf dem Schoß; es war seine neue Freundin, sie lebte noch bei den Eltern in einer nahen Kleinstadt.

Ich schnürte wieder die Stiefel, um mir das Kartoffelfest in Neuenkirchen anzusehen, jener Kleinstadt, die ich schon vormittags auf dem Hinweg durchquert hatte. „Willst du wirklich nicht mitfahren?", riefen mir einige der WG-Leute aus dem Autofenster zu, als sie mich überholten, und eine Sekunde lang kam ich mir ein bisschen albern vor.

Auf einem Rasenplatz war eine BMX-Sprungschanze aufgebaut, daneben mannshohe Lautsprecher. Einer der Jungs, mit kinnlangem Haar und muskulösen Armen, brüllte durch ein Mikrofon auf die jungen und alten Zuschauer ein, die nach und nach eintrudelten; seine Stimme schepperte, unterlegt von „We will rock you", durch die übersteuerten und pfeifenden Boxen. „Neuenkirchen", schrie er, „ich kann euch nicht hören. Was ist los mit euch? Macht Lärm! Gebt alles!"

Die BMX-Fahrer begannen mit ihren Kunststückchen; sie rasten über eine Sprungschanze und machten Drehungen und Überschläge, immer höher und weiter, und schließlich wurden ein paar Kinder aus den Zuschauerreihen gezerrt und mussten sich nebeneinander hinter die Sprungschanze auf den Boden legen. Allmählich begannen die Leute ein bisschen mitzuklatschen, während der Mann am Mikro sich die Kehle und allen anderen die Ohren wund schrie. Ein dicker Mann in Lederhose und Gamsbarthut stand neben ihm und schlug ihm immer wieder anerkennend auf die Schulter.

Unter einem Sonnenschirm hatte Johann seine Pläne für das Sport- und Kulturzentrum in Hartböhn auf eine Pinnwand geheftet; es waren technische Zeichnungen mit Überschriften wie „Der Makrostandort". „Das Konzept ist auf europäischer Ebene eine Innovation", hieß es im Text, „und orientiert sich an dem äußerst erfolgreichen Konzept der Woodward-Camps in den USA."

Auf dem Marktplatz tobte das offizielle Kartoffelfest. Zwei Sänger rockten plattdeutsch mit Akustikgitarren auf das grauhaarige Publikum ein; danach führten Männer mit Zylinderhüten und Frauen mit Haarkränzen vom Aussterben bedrohte Heidetänze auf.

Gegen Ende der Veranstaltung wurde die diesjährige Kartoffelkönigin, Isabella I. aus Rotenburg an der Wümme, in einer Pferdekutsche zur Bühne gefahren. Sie trug ein bodenlanges Gewand, darunter eine Schärpe mit Pfanni-Logo. Der Chef des Neuenkirchener Verkehrsvereins hatte die Ehre, sie interviewen zu dürfen. Sein Gesicht war rund und hochrot, er war einen halben Kopf kleiner als die Kartoffelkönigin.

„Haben Sie auch beruflich mit Kartoffeln zu tun?"

„Nein", hauchte sie, „aber ich liebe es, sie zu essen."

In ihrem bürgerlichen Leben war sie Bürokauffrau bei einem Gebrauchtwagenhändler, und die Krönung zur Kartoffelkönigin, sagte sie, sei eine große Überraschung gewesen.

„Es gibt ja nun beispielsweise auch eine Knödelkönigin", fragte der Verkehrsvereinsdirektor. „Kommt da so etwas wie Konkurrenz auf?"

„Nein, nein", antwortete sie, „das ist eher ein freundschaftliches Miteinander."

Isabella I. fuhr gerne Motorrad, erfuhr die Festgemeinde noch, genauer gesagt: „hinten drauf", der Interviewer gluckste vor Begeisterung. „Wenn ich jetzt ganz frech wäre", keuchte er, „würde ich fragen, wer das denn lenken darf, das Motorrad? Ah ja, Ihr Freund, natürlich."

Ich stand am Getränkewagen, als der dicke Mann mit Gamsbart und Lederhosen wieder neben mir auftauchte. Seine Wangen glühten, vermutlich wegen der Sonne. Er erzählte, er stamme aus Altötting, sei aber vor mehr als zwanzig Jahren in die Heide gezogen, der Liebe wegen. Mit den Leuten im Norden komme er bestens zurecht, auch sprachlich, „aber ich selber, i lass mich nech umformen, oder?"

Die Menschen seien nun einmal verschieden, fuhr er fort, „die einen sagen zum Beispiel: ‚Hitler war gut', die anderen sagen: ‚Er war schlecht'."

Er rückte ein Stück näher und dünstete mir seinen Bieratem direkt ins Gesicht. „Obwohl", raunte er, „a halbes Jahr Hitler tät uns gar ned schlecht. Da hätt' mer wieder mehr Arbeit. Wobei, i brauch ja koane mehr." Er wieherte kurz auf.

Der Abend brach an. Die Sonne goss ihre Strahlen durch einen Spalt in der Wolkendecke, über die Felder und Bäume; es waren unzählige Bäume. In der Stadt wurde um jeden Baum gerungen, dachte ich, und hier waren sie einfach da. Die nächste

Schnellstraße war nur ganz schwach zu hören, vom Zirpen und Zwitschern aus den Feldern übertönt; und der Mond schimmerte ganz zart vom Himmel, als hätte eine Künstlerin ihn aus Elfenbein geschnitzt, und auf ein Aquarell aus Grün, Lachsrosa und Pastellblau gelegt, wie um sagen zu können: „Jetzt. Jetzt ist es fertig." Als ich ankam, war es dunkel.

Zurück in der Land-WG setzte ich mich zu Artur, einem Brasilianer, und einem Mädchen namens Christina an ein kleines Feuer hinter dem Haus. Beide machten gerade eine Ausbildung als Heilpraktiker, Artur jobbte nebenher auf dem Pferdehof im Nachbarort. Er fachte den Grill an, es gab Würstchen und Bier; wir ließen uns in Liegestühle fallen und kuschelten uns in Wolldecken; es wurde sehr kalt, und die Sterne funkelten. Wir philosophierten ein bisschen über den Sinn des Lebens und all diese Dinge, und Artur erzählte von seiner Heimat, er wollte bald zurück; „das Wetter hier nimmt einem die Energie raus." Wir blätterten im Atlas, ich erzählte von meiner Rucksacktour durch Brasilien vor zwei Jahren, und wir schmiedeten Pläne für eine gemeinsame Reise an der tausende Kilometer langen Küste seines Landes entlang.

Am nächsten Morgen umarmten wir uns zum Abschied. „Mach's gut, Mann", sagte Artur, wir tauschten noch Handynummern aus und bekräftigten, dass die Reisepläne der vergangenen Nacht ernst gemeint gewesen seien; ich marschierte gegen die Morgenkälte an, und wieder kamen die drei Kühe angetrabt, als sei ich der erste Mensch, dem sie begegneten.

7

Ich kam in ein Dorf namens Woltem. Man hatte mich gewarnt, ich solle mich von der geringen Einwohnerzahl nicht täuschen lassen, die Gemeinde erstreckte sich über viele Felder. Natürlich verfehlte ich meine nächste Anlaufstation und lief Kilometer über Kilometer, sah irgendwann nur noch Wald und fragte in einem Sägewerk nach dem Haus der Familie, die mir einen Platz zum Übernachten angeboten hatte; ich war schon zu weit, die Frau im Sekretariat bot mir an, mich zu fahren, angesichts des Regens, doch ich blieb stur und ging Kilometer um Kilometer zurück, bog diesmal richtig ab und kam an mit nassen Stiefeln und schmerzenden Füßen, obwohl ich an diesem Tag alles andere als weit vorangekommen war.

Andrea, dreiundzwanzig, die Freundin einer Freundin aus Hamburg, empfing mich mit heißem Kaffee; ich zog mir trockene Socken an und wusch meine schmutzige Wäsche in ihrem Waschbecken, in der Hoffnung, sie würden am nächsten Morgen getrocknet sein. Das Bad roch nach Badezusätzen und Duftkerzen; ich schämte mich ein bisschen für den Dreck, den ich in diese Oase der Sauberkeit schleppte.

Wir saßen auf der Couch und schauten hinaus auf den großen Garten. Andrea trug eine Cordhose mit Schlag und hatte sich gerade die Haare ganz kurz geschnitten. Sie gähnte. Eigentlich dürfte sie ja gar nicht müde sein, sagte sie, schließlich habe sie zur Zeit tagsüber frei; gerade hatte sie ihren Job als Ergotherapeutin gekündigt, ohne eine neue Anstellung in Aussicht zu haben. „Das gibt natürlich Gerede im Dorf", sagte sie und lächelte ein bisschen stolz.

Das Haus, in dessen Erdgeschoss sie wohnte, hatte die Familie eigenhändig gemauert, nach den Plänen eines befreundeten Architekten. Ihr Vater sei leidenschaftlicher Heimwerker, erklärte sie, und bei einer so großen Familie seien schließlich genügend Leute zum Anpacken da. Ihr Bruder wohnte mit seiner Frau im ersten Stock, die Eltern mit den anderen Geschwistern im großen Haus nebenan.

Wohnzimmer und Küche – eine blitzsaubere Einbauküche – trennte ein Torbogen, „doch doch, alles selbst gemauert." Wir gingen durch den Garten, vorbei an Andreas blauem VW-Bus, ins Haus der Eltern.

Im Kreis der sechs Schwestern und ihrer Eltern setzte ich mich an den Abendbrottisch; das Licht war heimelig gedämpft, die Wand holzgetäfelt, über dem Tisch hing ein Stickbild der Arche Noah.

„Alles selbst gemacht", erklärte der Vater, ein Mann mit Vollbart und Lachfalten um die Augen und gesunder Gesichtsfarbe, während er mir die Wurstplatte hinhielt; ich nahm Blutwurst und Schinken, und alles schmeckte wunderbar frisch. „Man muss halt ein- zweimal zugucken", sagte er, „bei Leuten, die das können, dann geht es auch ohne Metzger-Ausbildung." Das Töten der Tiere übernahm natürlich ein professioneller Schlachter, aber das Weiterverarbeiten und das Würzen ließ er sich nicht nehmen.

Wir tranken selbst gekelterten Apfelwein und selbst gebrannten Schnaps, und er erzählte mir von seiner Arbeit in der katholischen Gemeinde, während seine Frau und die Töchter schweigend aßen; das Katholische, sagte er, hatten die Flüchtlinge aus Ostpreußen und Schlesien in die Region gebracht. Die Katholiken, knapp fünf Prozent der Bevölkerung, seien noch engagierter für ihre Kirche als die Protestanten, aber auch das nehme rapide ab; in Soltau hatten sie nur noch eine einzige katholische Religionslehrerin. Und nun hatte es gerade einen Eklat gegeben, der

Diakon hatte sich mit der Nachbargemeinde zerstritten und der Kirchenvorstand war geschlossen zurückgetreten.

„Wir sind natürlich eine Exotenfamilie", sagte er, „mit sieben Kindern und ohne Fernseher." Er schaute in die Runde und lächelte. „Und die Kinder wollen einfach nicht weg; man könnte auch sagen: Wir werden sie nicht los."

„Ich find's schön mit der Familie", sagte Andrea leise, als wir im Dunkeln zurück zu ihrem Haus gingen, „ich weiß: Wenn ich irgendetwas auf dem Herzen habe, ist immer jemand da; ich kenn's einfach nicht anders."

Wir saßen noch lang auf ihrem Sofa; strahlend blätterte sie für mich das Fotoalbum der dreiwöchigen Reise durch, die sie mit einer ihrer Schwestern durch Spanien und Portugal gemacht hatte, direkt nachdem sie gekündigt hatte; immer wieder war der blaue VW-Bus auf den Bildern zu sehen. Ihr Lieblingsspruch hieß: „Tote Fische schwimmen mit dem Strom, lebendige dagegen." Sie hatte ihren Job aufgegeben, weil sie die Arbeitsbedingungen unmenschlich fand, auch den Patienten gegenüber, die wie am Fließband abgefertigt wurden.

Während der Ausbildung hatte sie zwei Jahre in Hannover gelebt, an einem Straßenabschnitt, an dem die Autos immer scharf beschleunigten; hatte im Winter überall nur trostlose Gesichter gesehen und war überglücklich gewesen, nach dem Großstadtspuk ins Dorf ihrer Eltern zurückzukehren.

Sie war ihren Eltern heute dankbar dafür, dass sie als Kind das Verzichten gelernt hatte; noch bis zur sechsten Klasse hatte sie im Matsch gespielt und war in Birkenstockschuhen zur Schule gegangen, und irgendwann hatte sie Magenprobleme bekommen, weil sie immer die Außenseiterin war. „Aber auf Dauer hat es mich gefestigt."

Ihre schwarze Katze, die sich an ihrer Seite eingerollt hatte, schnurrte laut, sonst war es ganz still. „Ich habe hier mein Paradies“, sagte Andrea, „warum sollte ich weggehen? Wenn ich will, kann ich ja in die Stadt fahren, um mir die Leute anzuschauen.“ Sie grinste. „Das sind meine kleinen Ausflüge in die Exotik.“

8

Die Wäsche war noch feucht und machte den Rucksack merklich schwerer am nächsten Morgen. Ich kam in eine Stadt namens Dorfmark, am Rand des Truppenübungsplatzes Bergen, eines Areals von dreißig Kilometer Durchmesser, das ich der Karte nach zunächst für einen weiteren Naturschutzpark gehalten hatte. Eine Nebenstraße sollte mitten hindurchführen, Richtung Südosten, und ich hatte mich auf einen weiteren sonnigen Tag auf Sandwegen mit Birken und Heidekraut links und rechts gefreut. Stattdessen regnete es unerbittlich, und Andreas Vater hatte mich am Abend zuvor darauf hingewiesen, dass die „Osterheide" nicht grün schraffiert war, sondern rot. Rot stand für „militärisches Sperrgebiet".

Die Waden waren so schnell nass, dass ich die Regenhose im Rucksack ließ; unter lautem Prasseln auf der Kapuze ging ich durch die traurige Stadt, sie hatte graue Fassaden und blasse Einwohner, im Fenster der Touristeninfo klebte einsam ein bunter Tukan, in der Ferne hörte ich die ersten Schüsse. Bei einem Supermarkt-Bäcker wärmte ich mich mit einem letzten Kaffee, dann machte ich mich auf ins Geschehen.

Andreas Vater hatte mir empfohlen, auf der „Panzer-Ringstraße" entlang zu gehen; da könne man sogar sehr gut Inline skaten; ab und zu komme mal eine Kolonne vorbei, aber ansonsten sei wunderbar wenig Verkehr. Durchnässt kam ich an der Einmündung an. Die Straße war wirklich herrlich breit; auf einem Schild stand „Schieß- und Übungsbetrieb! Blindgänger! Lebensgefahr! Unbefugtes Betreten des Platzes wird strafrechtlich verfolgt." Sollte ich dem gottgläubigen Mann vertrauen, der sechs Töchter und einen Sohn gezeugt und ihnen im eigenen Garten eigenhändig Häuser gemauert hatte, nebenher Schweine zu Wurst verarbeitete und Schnaps brannte? Alles sprach dafür, bis auf das Warnschild mit dem Panzer drauf und von weitem das Knattern der Maschinengewehre. Ich zögerte.

Von hinten näherte sich ein Fahrzeug. Ich zuckte zusammen. Als ich sah, dass es der Lieferwagen eines Wildgroßhändlers war, mit einem gemalten Hirschkopf auf der Flanke, der auf die Panzer-Ringstraße bog und beschleunigte, fasste ich mir ein Herz und ging los.

Die Schilder tauchten immer wieder auf, links und rechts des Wegs, der Wald und die Wiesen waren Todesstreifen, Todeswiesen. Hoffentlich hält mich mit meiner gelben Regenplane über dem Rucksack niemand für einen Selbstmordattentäter, dachte ich, oder einen Verrückten – wobei, hätten sie damit nicht sogar ein bisschen Recht? Doch die Planwagen mit Kennzeichen „Y" und die britischen Jeeps, die von hinten kamen, fuhren gemächlich an mir vorbei, von den Soldaten schien sich niemand für mich zu interessieren. Ich ging schnell, wollte die Strecke so schnell wie möglich hinter mich bringen - bis zum Südrand des Sperrgebiets waren es gut und gerne dreißig Kilometer. Von rechts hörte ich die Geräusche der Autobahn, Signale aus der zivilen Welt. Ab und zu lagen Patronenhülsen auf dem Weg. Wird Pinkeln auf einem Truppenübungsplatz eigentlich als Wehrkraftzersetzung geahndet? Da ich kein Gesetzbuch zur Hand hatte, suchte ich mir eine lauschige Kurve und stellte mich an den Straßenrand, so dass die Stiefelspitzen das Gras berührten; ich schiffte auf das verbotene Grün und hoffte, keinen in der Erde lauernden Blindgänger zu treffen.

Ich kam an einem Holzkreuz vorbei, von Blumen umwachsen; ein junger Brite namens Adam Balfour hatte am 4. September 1998 an dieser Stelle sein Leben verloren. Ich wagte nicht, länger zu verweilen; hinter einem blickdichten Zaun bellten Hunde, „Fotografieren verboten“ stand auf den Schildern. Ich dachte an meine Zeit als Zivildienstleistender in einer Münchner Jugendherberge; ich hatte Rucksackreisende auf Englisch begrüßt, abends Weißbier gezapft und Musik aufgelegt und ab und zu ein paar schmutzige Teller durch die Spülstraße laufen lassen. Den „Sold“ dafür bekamen wir von einem netten älteren Mann mit Cordhosen in Scheinen und Münzen ausgezahlt und verfrühstückten ihn an langen Nachmittagen in Schwabinger Cafés. Unser Gewissen war rein.

Ich ging noch einen Schritt schneller. Im Südwesten tat es einen gewaltigen dumpfen Schlag, da war etwas Großes explodiert. Ein dunkelgrüner Bus voll junger Soldaten fuhr an mir vorbei, ihre Gesichter waren müde.

Irgendwann wurde mir klar, dass das Grollen und Wummern nicht nur von den Schießplätzen kam. Ich drehte mich um und sah, dass hinter mir der Himmel gerade ein riesiges Schwarzweißbild malte; inmitten einer tiefgrauen Wand öffnete sich ein grelles Fenster, und alles schob sich ganz allmählich auf mich zu.

Eine Weile glaubte ich noch, die Gewitterfront zöge knapp hinter meinem Rücken Richtung Westen vorbei; vorne, im Süden, war es hell, die Blitze hatten aufgehört zu zucken. Meine am Vormittag durchnässten Hosenbeine waren beinahe wieder getrocknet. Ich kam an einem weiteren Holzkreuz vorbei, um das ein vertrockneter Kranz baumelte: „Hier starb am 9.12.1976 K. D. Spletter, 2. Panzeraufkl.Btl. 6“.

Einen Moment war es still, ich hörte von ferne die Autobahn, dann fuhr eine lange Windbö in die Bäume, zerrte an ihnen, bog die kleineren von ihnen um und peitschte durch ihr Blattwerk. Plötzlich schnellte ein Blitz über mich hinweg, und der Peitschenknall folgte ohne Verzögerung, mein Herz tat einen Sprung nach vorn, ich ging schneller, mir schoss die Erinnerung an einen

Abend in Ostfriesland durch den Kopf: Ich war fünf und saß mit Oma Traudel im Ruderboot auf einem Siel, wir waren fast jedes Jahr zu sechst oder zu acht aus Eschborn in den Urlaub nach Ostfriesland gefahren, aber noch nie hatten wir so ein Gewitter erlebt; voller Angst ruderte Oma Traudel uns beide zurück zum Ferienhaus, und mit klopfendem Herzen und durchnässt schleppten wir uns ins warme Wohnzimmer zu den anderen. Wenn ich in Eschborn ankomme, dachte ich, werde ich sie nach jenem Nachmittag fragen. Wenn ich ankomme.

Ich war der höchste Punkt in der Landschaft, mir jagten Weisheiten durch den Kopf von Buchen, die man suchen solle, aber die nächsten Bäume waren weit weg, und der Weg dorthin war verboten, möglicherweise von Blindgängern übersät; und nicht einmal Bushaltestellen mit Wartehäuschen gab es, die dunkelgrünen Busse hielten nicht, um irgendwelche Leute vom Straßenrand aufzusammeln. Mir blieb nichts, als der Straße zu folgen, an der nichts war – keine Gasthäuser, keine Wohnhäuser mit rauchenden Kaminen, die auf wohlig warme Öfen hätten schließen lassen, nichts außer den Schildern, die links und rechts vorm Betreten der Grünflächen warnten, und den Autos, die manchmal bedrohlich nah an mir vorbeirasten.

Und dann brach der Regen los – nicht jener Nieselregen, der mich den halben Tag über begleitet hatte und immer wieder einzelnen Flecken blauen Himmels gewichen war; jetzt erwischte er mich von rechts, er knisterte nicht auf der Regenjacke, sondern peitschte dagegen und fauchte über den Asphalt, zum Regen kam Hagel, dicke, hellgraue Körner, die auf meine Kapuze hämmerten, und an den Straßenrändern bildeten sich Rinnsale, denen ich zunächst noch auszuweichen versuchte, wenn mir ein Auto zu nahe kam, doch bald war es egal, weil die Stiefel ohnehin durchweicht waren. Die rechte Socke sog sich zuerst voll, und bei jedem Schritt spürte ich das Gewicht des Wassers im Schuh. Irgendwann tauchte ein uraltes Holzschildchen auf, es sah nach

Wald und Wanderausflug aus, bestimmt stammte es aus einer Zeit, als hier noch nicht scharf geschossen wurde. „Ostenholz 4,5 km“ war in Reliefschrift herausgeschnitzt. Ich beschloss, die Füße zu vergessen, und ging und ging, und irgendwann hörte der Regen auf, der Himmel holte tief Luft, und dann ging es wieder los.

Ich war durch und durch nass, als ich Ostenholz erreichte. Es war ein Backsteinkaff im Zonenrandgebiet, mitten im Randgebiet der militärischen Sperrzone, und so sahen die Häuser auch aus; es gab eine kleine Tankstelle mit einem Kiosk und ein Hinweisschild auf eine Kneipe namens „Onkel Nickel“, in Frakturschrift, darunter zwei vertraute Symbole: gekreuztes Besteck und Bett. Jetzt war alles egal. Vergessen die Pläne von Bauernhöfen und Stroh und Geldzusammenhalten, Onkel Nickel konnte an mir verdienen, was er wollte, egal was für ein räudiger Stall sein Gasthaus auch sein mochte.

Im Eingang stand ein Korb Äpfel, am Tresen saß eine dicke Frau in einem grauem Sweatshirt und schaute mich müde an. „Ein Zimmer, bitte“, schnaufte ich, während sich um meine Füße eine Pfütze bildete.

„Kann ich Ihnen nicht mit dienen“, sagte sie. Ich starrte sie an. Es war still. Sie rauchte.

„Sie sind zu Fuß, oder?“

„Könnte man so sagen.“

„Ich mag’s kaum sagen, aber ... hier die Straße weiter runter, fünf Kilometer, dann sind Sie bei Heide-Kröpke. Da müssten Sie was kriegen zum Übernachten.“

Ich bebte. „Geht gar nichts? Eine Ecke für die Isomatte?“

Sie rauchte und schüttelte den Kopf. „Kann ich Ihnen nicht mit dienen.“

Sie hätte mich ja gefahren, rief sie mir noch hinterher, aber sie habe gerade kein Auto. „Schon gut“, brummte ich und ging und ging, dachte bei jedem Schritt an ihr Gesicht und trat den Asphalt. Die nassen Socken scheuerten in den Stiefeln, ich verachtete die Frau in ihrem grauen Sackpullover, ich verfluchte sie lauthals und hatte ein prächtig reines Gewissen dabei, es konnte mich eh niemand hören auf dieser gottverlassenen Straße, mittlerweile war es eine Pflasterstraße, wie sie auch von Berlin nach Moskau hätte führen können, links und rechts wieder diese Sperrgebietsschilder, das Kriegsgebiet nahm kein Ende. Ich faltete die Karte auf, weil der Regen gerade innehielt, fünf Kilometer bis Heide-Kröpke, dachte ich und suchte nach dem nächsten Ort südlich von Ostenholz; er hieß Ellsen und lag elf Kilometer entfernt. Wenn es Heide-Kröpke tatsächlich gab, dann steht es mitten im Niemandsland, dachte ich und stellte mir einen Bauern vor, der Kröpke heißt und im Sommer, aber nur im Sommer eine Dachkammer vermietet, in der es nach alten Teppichen und Mottenkugeln riecht; Ellsen, elf Kilometer, dachte ich, jenseits der Autobahn, und vergaß meine Füße und ging und ging, die Finger waren steif, aber alles war egal, nur weg von diesem Flecken Erde. Zur Not würde ich vorher querfeldein die Autobahnraststätte Allertal ansteuern und mich dort vor dem Erfrieren retten lassen.

Die Sonne ließ sich kurz blicken, scheinheilig, nach einer Viertelstunde ging es wieder los, peitschender Regen auf Pflastersteinen, die gerade getrockneten Hosenbeine trieften, die Beine mussten hart wie Stahl sein mittlerweile, und ich traute meinen Augen nicht, als vor der nächsten Biegung am Straßenrand ein Schild auftauchte. Es war weiß und von kleinen Scheinwerfern angestrahlt, und irgendetwas stand da groß geschrieben, sah nach zwei Wörtern aus. Ich ging weiter. Plötzlich gab es wieder Fahrradwegweiser: „Ostenholz 7,0 km" stand auf einem, der in die Richtung zeigte, aus der ich kam.

Auf dem großen weißen, angestrahlten Schild stand „Heide-Kröpke". Ich rieb mir die Augen, und es stand immer noch da. Heide-Kröpke. Ihr Verwöhnhotel. Vier Sterne.

„Ich brauche ein Zimmer", sagte ich zu den zwei Damen in schwarzem Kostüm und weißer Bluse. Das Wasser rann von mir herab. „Hmmm", sagte die eine und schaute auf die große Tabelle vor ihr, „ah ja, ein einziges hätten wir noch, da haben Sie aber ein Glück. Das kann ich Ihnen zu vierundvierzig Euro geben, weil es ein Schrägdach hat."

„Ich liebe Schrägdächer", stammelte ich, kritzelte mit klammen Fingern meinen Namen auf den Meldezettel und hinterließ dabei eine Pfütze auf dem Tresen. Mein Zimmer hatte nicht nur ein Schrägdach, sondern auch eine Heizung und ein Bad, und auf einem Bügel hing ein duftender, weißer Frotteebademantel, vor dem Bett stand ein Paar Hausschuhe mit „Heide-Kröpke" in Stickbuchstaben, ich riss mir die kalten Kleider vom Leib und warf sie ins Waschbecken, zerrte die nassen Sachen aus dem nassen Rucksack und behängte jeden Zentimeter der Heizung damit, und in Bademantel und Hausschuhen stolperte ich zur Rezeption und fragte nach der Sauna. Die ältere der beiden Damen lächelte verständnisvoll und führte mich hin; ich kippte den ganzen Eimer Pfefferminzaufguss auf die heißen Steine, es zischte, und ich taute langsam auf; ich warf mich auf die oberste Bank und war bereit, den Weltrekord im Saunieren zu brechen, machte noch einen Durchgang und noch einen, und meine Beine und die Hände erwachten langsam wieder zum Leben.

Als ich mich schlafen legte, hörte ich noch lange den Regen auf das Dachfenster prasseln. Frankfurt, vierhundert Kilometer, dachte ich, grob geschätzt. Wenn nichts dazwischenkommt.

9

Der Truppenübungsplatz lag hinter mir, der Regen auch, ich freute mich über jedes Dorf, jeden Radfahrer und jedes Bushaltestellenwartehäuschen, jeden Straßenarbeiter, der in leuchtendem Orange gekleidet war; Orange war das Gegenteil von Olivgrün. Ich steuerte weiter Richtung Südosten, nach Braunschweig, zu meinem Cousin Christoph, den ich viel zu selten sah; wollte die Gelegenheit nutzen, auf einer vertrauten Insel inmitten des unbekannten Landes die verbrauchten Kräfte nachzuladen. Deutschland ist ein Meer voller kleiner Inseln, dachte ich, zwischen denen reger Pendelverkehr herrscht; wir fahren in Hamburg los und kommen wie selbstverständlich nach ein paar Stunden Träumen oder Zeitunglesen in Braunschweig oder Frankfurt oder München an; und von den Riffs und Unterströmungen dazwischen, davon, ob das Meer sanft gekräuselt oder sturmgepeitscht ist, und von den bunten und den traurigen Fischen, die dort leben – von all dem bekommen wir nichts mit.

Irgendwo im Landkreis Celle bekam ich Durst. Im Erdgeschoss eines Einfamilienhauses verbarg sich eine Rumpelkammer, an deren Fenster „Kiosk“ stand. Der Tresen war eine Pressspanplatte, darauf stand eine alte Registrierkasse, mitten im Raum stapelten sich Getränkekisten. Ein älterer Mann mit fettig zurückgekämmtem Haar begrüßte mich mit herzlichem Lächeln. Unter seine Nase mündete ein durchsichtiger Schlauch, verbunden mit dem zylinderförmigen Gerät, das er über die Schulter gehängt trug.

Ich bestellte Wasser und Kaffee. „Na, wo soll's denn hingehen?“, fragte mich der Alte lächelnd, mit pfeifendem Atem.

Ich erzählte vom Weg nach Hause und meinen Plänen, bei Bauern in der Scheune zu übernachten.

„Na, das können Sie wohl vergessen, in der Gegend, die Leute hier sind so was von stur."

Er arbeitete seit drei Jahre in dem Kiosk. „Am Anfang haben die meisten einen großen Bogen mich gemacht." Im Sommer hatte er oft auf einem Klappstuhl vor dem Laden gesessen und gestrickt, und dabei sah er manchmal, wie ihn von weitem jemand mit einem Fernglas beobachtete. „Irgendwann haben sie dann aber wohl gesehen: ‚Oh, der kann ja sogar einen kompletten Pullover stricken. Der ist ja gar nicht so.'"

Die Chefin kam in den Laden, eine kleine Frau mit leuchtend rot getöntem Haar und Reibeisenstimme, zwei streitende Kinder im Schlepptau und ein Baby auf dem Arm. Unter einem ihrer hochgekrempelten Ärmel lugten, wie Kugelschreiberstriche, die Ausläufer einer Tätowierung hervor.

Um 1910 hatte man die Gegend noch „Klein-Texas" genannt, erzählte sie. In Wietze, ein paar Kilometer weiter, hatte eine der ersten Ölbohrungen der Welt stattgefunden, und um 1910 kam aus der Region achtzig Prozent der deutschen Erdölproduktion. „Heute ist arbeitsmäßig absolut tote Hose", sagte sie. Ihre Tochter machte in Celle eine Ausbildung zur Bankkauffrau; danach würde sie wohl nach England auswandern, in der Hoffnung dort einen Job zu finden. „Die jungen Leute gehen alle weg. Früher war da hinten an der Ecke wenigstens noch eine Kneipe: Pastor Brase. Jetzt steht da nur noch eine kaputte Telefonzelle."

Der alte Mann, der ihr im Kiosk aushalf, war 1945 als Vierjähriger aus Westpreußen nach Wietze gekommen, hatte auf der Berufsschule für Landwirte das regionale Platt gelernt, „das musste man können als Bauer"; es klang nach Hannover, nach Südniedersachsen; deutlich anders als der spitzzüngige, hamburgisch gefärbte Akzent, der mich bis in die Südheide begleitet hatte; auf Höhe des Truppenübungsplatzes hatte ich offenbar eine Sprachgrenze überschritten.

Nach ein paar Jahren als Landwirt hatte er umgesattelt auf LKW-Fahrer, später auf Geschirrsattler; allmählich schlug er Wurzeln in Wietze. Und eines Abends war er auf dem Feuerwehrfest, und jemand rannte auf ihn zu und rief: „Jogi, dein Haus brennt." – „Als ich hinkam, stand alles lichterloh in Flammen. Das war Brandstiftung, ganz klar."

Wenig später bekam er eine doppelseitige Lungenentzündung. Er konnte nicht mehr arbeiten und lebte fortan in einem Wohnmobil. „So haben wir ihn kennen gelernt", sagte die Chefin und legte den Arm um ihn. „Da mussten wir ihn einfach adoptieren." Jetzt lebte er in der Einliegerwohnung und half dafür im Laden und bei den Hausaufgaben der Kinder. „Man darf sich nur nicht unterkriegen lassen", sagte er.

Den ganzen Nachmittag ging ich die Landstraße entlang Richtung Celle, sah wieder Protestparolen von Bauern: „Milch oder Korn, Rind oder Schwein – gerechte Preise müssen sein!"

Kilometerlang stieg die Straße langsam, aber stetig an; allmählich schien ich die Norddeutsche Tiefebene hinter mir zu lassen. Von links, von Norden, hörte ich immer wieder dumpfe Einschläge; der Truppenübungsplatz verfolgte mich noch lang.

Rechts fuhr ein weinroter alter Renault mit Warnblinker an den Straßenrand; der Fahrer, ein stämmiger junger Mann mit goldenem Ohrring, kurbelte das Fenster herunter. „Wo willst du hin?", rief er mit osteuropäischem Akzent durch den tosenden Verkehr, die Fahrer hinter ihm hupten, kopfschüttelnd, und traten aufs Gas, um zu überholen.

„Das ist sehr nett", rief ich zurück, „aber ich gehe zu Fuß."

„Was?"

Ich brüllte durch den Autolärm, irgendwann verstand er, schüttelte den Kopf und fuhr weiter.

10

Celle hatte eine hübsche Fachwerkaltstadt und ein Internetcafé für eine kurze Nachricht nach Hause, aber nichts hielt mich; die Stadt perlte an mir ab wie der Nieselregen an meiner Jacke, ich wollte endlich Braunschweig erreichen, zwei Tagesmärsche noch, schätzte ich, oder zweieinhalb, und in Braunschweig würde nicht einmal die Hälfte des Weges geschafft sein; die Mittelgebirge lagen erst noch vor mir.

Immerhin hatte ich das norddeutsche Backsteinland hinter mir. Die meisten Häuser waren freundlich verputzt und reflektierten das wenige Tageslicht, das die Wolkendecke durchließ, statt es zu schlucken wie die Häuser in vielen Straßen Hamburgs. Ich dachte an das Haus in Eschborn, in dem wir gewohnt hatten, es war ein Hochhaus, aber es war weiß, und in meinen Erinnerungen war der Himmel darüber blau; von unten, vom Spielplatz aus, mit Ralph und den anderen, hatte ich auf dem Balkon im achten Stock meine Mutter stehen sehen, wie sie auf uns Acht gab. In Hamburg waren wir dann in ein Backsteinhaus gezogen.

Die feuchte Kälte und die Kürze der vergangenen Nacht steckten mir in den Knochen; ich hatte auf dem Heuboden eines alten Hofes geschlafen, der heute eine Pension war; elf Euro hatte ich für die frostige Nacht bezahlt; ein, zwei Grad kälter, und der neue Schlafsack hätte seinen Schutz gegen die nagende, feuchte Luft aufgegeben. Der Stadtrand von Celle sah aus, wie deutsche Stadtränder aussehen; da standen siebenstöckige, mit schmutzigbeigefarbenen Platten verkleidete Klotzbauten, dann folgte ein bisschen Acker, von mächtigen Hochspannungsmasten überspannt. Die Maschendrahtzäune waren mit Plakaten bepflastert, die für Wrestlingshows und ein „Rock&Bike&Tattoo-Festival“ warben. Meine Laune wurde schlechter mit jedem missmutigen Blick, den ich aus den vorbeifahrenden Autos erntete, und als mich jemand beim Abbiegen beinahe überfuhr, fluchte ich ihm durch den Straßenlärm hinterher.

Nach einigen Kilometern riss dann doch die Wolkendecke auf, ich überquerte die Aller, die einen Bogen um eine sonnenbeschienene Kuhherde machte, bog in eine ruhigere Straße und war wieder ein bisschen versöhnt mit der Gegend. Ich blieb vor einem Feld voller Sonnenblumen stehen, auf dem man sich selbst bedienen und das Sonnenblumengeld in eine Geldkassette werfen durfte. Die Abendsonne strahlte die nassen Blumen an, aber sie hatten die Köpfe weggedreht wie beleidigte Kinder.

„Na, da hinten zieht's aber noch mal schwarz zu“, rief mir eine Frau von der anderen Straßenseite zu. Ich fragte sie nach dem Weg Richtung Wienhausen. Wir spazierten ein Stück nebeneinander her. Sie sprach tadelloses Hochdeutsch, trug eine Steppjacke, ein Halstuch und Perlohrringe. Ich erzählte von Eschborn und Frankfurt, den Orten meiner Kindheit, von meinen wohligen Erinnerungen daran, und sie schaute mich mit hochgezogenen Augenbrauen an: „Ehrlich?“

Sie war gebürtige Schlesierin, hatte zwanzig Jahre in der Pfalz gewohnt, „also ungefähr Ihre Gegend“, und fand es zu warm dort. „Hier im Norden, hier geht immer ein schönes Lüftchen.“ Sie genoss ihre alten Tage in einem Vorort von Celle, war Mitglied im Verband „Frau und Kultur“ und im Kammermusikring, ging montags zum Literaturzirkel und freitags in den Kurs Textiles Gestalten, „und mein Mann und ich fahren auch immer mal gern nach Hamburg. Ist ja nur eine gute Stunde.“

Mal schnell nach Hamburg. Eine gute Stunde. Es war zum Heulen.

Ich ging zwischen Rübenfeldern lang, der Weg nahm kein Ende und war schnurgerade; am Ende sah ich eine Scheune, die einfach nicht näher kommen wollte. Ich hatte die falsche Abzweigung genommen, hatte auf die Frau aus der Pfalz gehört, statt meiner Karte und meiner Orientierung zu vertrauen, und nun war mir klar, dass ich einen Umweg ging. Hör niemals auf eine Zugereiste, dachte ich.

Am Himmel waren zwei Sorten Grau; im Osten ein ruhiges Blaugrau, von Westen nahte ein schmutziges, von der Sonne durchschimmertes Gelbgrau; das war das schlechte Grau, es brachte den Regen. Er begann hinter mir in den Blättern der Rüben zu rascheln, kam näher und wurde lauter, klang fast wie ein Bach, der über ein kleines Wehr schäumt, und machte mir nach kurzer Zeit wieder die Hosenbeine nass. Hör nie auf eine Zugereiste. Als ich Wienhausen erreichte, dämmerte es.

Der Ort war berühmt für sein Zisterzienserinnenkloster aus dem 13. Jahrhundert, ein mächtiger Backsteinbau mit treppenförmig abgestufter Fassade. Die Tür war verschlossen, ich klingelte.

Nichts rührte sich. Ich klingelte ein zweites Mal. Eine blecherne Frauenstimme meldete sich durch die Sprechanlage. Ich fragte nach einem Platz zum Schlafen.

„So etwas gibt es hier nicht."

„Auch nicht für einen Wanderer", fragte ich, „durchnässt und hungrig?"

Die Stimme zögerte einen Moment, dann sagte sie: „Tut mir Leid, wir haben gerade Einkehr und gehen gleich alle zum Gottesdienst. Hier kann man auch gar nicht übernachten. Tut mir sehr Leid."

Es knackte, und das Rauschen aus der Sprechanlage verstummte. Ich streifte durch den Ort, suchte vergeblich nach einem Bauernhof, schleppte dann meine bleischweren Beine auf das Grundstück eines Hauses, an dessen Fassade „Zu verkaufen" stand; warf einen Blick in den modrigen Schuppen im Hinterhof, in dem offene Küchenschränke vor sich hinrotteten. Nein, an solch einem Ort soll man nicht sein Lager aufschlagen, wenn man nicht in ernster Not ist.

In der Pension „Zur Linde“ war alles belegt, und schließlich fand ich dann doch noch eine ältere Frau, die mir ein Zimmer vermietete, zum Sonderpreis, „weil Sie ein Wanderer sind“. Ich schloss die Tür ab, ließ den Rucksack zu Boden fallen und drehte die Heizung auf.

Nach zehn Stunden Schlaf wachte ich auf; die Schultern, die Beine und die Arme, alles war schwer wie Blei, und von der linken Ferse zuckte bei jedem Auftreten ein stechender Schmerz herauf. Ich setzte mich und legte den Fuß auf den rechten Oberschenkel; unter der Hornhaut hatte sich eine Blase gefüllt. Eine gute Woche lang hatte der Hirschtalg, das Wundermittel, das mir ein Freund ans Herz gelegt hatte, seine Dienste geleistet; jeden Morgen hatte ich mir dick die Füße damit eingerieben, aber die durchnässten Socken und die Umwege der letzten Tage waren zu viel gewesen. Ich nahm das Desinfektionsspray, das ich mir vorsichtshalber unterwegs in einer Apotheke gekauft hatte, sprühte die Ferse und die kleine Schere meines Taschenmessers damit ein, nahm ein Stück Toilettenpapier und schnitt in die aufgedunsene Haut; eine klare Flüssigkeit trat aus, ich drückte und tupfte mit dem Toilettenpapier und klebte ein Pflaster darüber. Dann kam der Hirschtalg. Ich zog mich an und ging weiter.

11

In meinem Großstadtleben hatte ich Schweine bisher nur in Ställen gesehen, nie auf einer Weide. Da standen sie, eines fetter als das andere, fraßen Gras, als wären sie Kühe, und wühlten mit der Schnauze im Dreck; eines lag fett auf dem Bauch in einer Kuhle; das musste die Chef-Sau sein. Ab und zu hob es ein bisschen den Kopf, um zu schauen, ob bei den Kameraden alles in Ordnung war.

Das Krähen einer Krähe begleitete mich ein Stück. Ich sah einen Wegweiser: „Flettmar, 4 km". Auf der gegenüberliegenden Straßenseite: „Flettmar, 5 km". Mein Vertrauen in die deutsche Beschilderungskunst schwand rapide.

Wieder lagen links und rechts endlose Rübenäcker; von weitem sah ich zwei Männer auf einer monströsen Maschine fahren, die in rasendem Tempo Rüben aus der Erde wirbelte und über ein Förderband in den haushohen Auffangkorb lud. Es war ein quälend plattes Land, überall Zuckerrübenfelder mit Baumreihen dazwischen; diese Gegend machte mich müde, schien den Weg zu meinem Ziel unnötig in die Länge zu ziehen; hier war weder Vertrautes noch Überraschendes, nichts, was mich zum Verweilen verlockt hätte. Alles wirkte satt, in sich ruhend, in sich abgeschlossen, als Fremder prallte man an der Oberfläche ab und blieb fremd und mühte sich, wenigstens Strecke zu machen. Der Wind frischte auf, die Lastwagen, die an mir vorbeirasten, jagten mir Böen ins Gesicht; immer wieder türmten sich Wolken auf und verdeckten die Sonne. Seltsam, wie das Wetter über die Stimmung herrscht, dachte ich. Schon als Kind war ich unruhig und manchmal bedrückt gewesen, wenn es stürmte; das Wetter war ein mächtiger Stimmungsmacher. Als Erwachsener aber, in der Stadt, mit geregeltem Tagesablauf in einem Büro, unabhängig von Licht und Dunkelheit, blendet man die Naturkräfte manchmal vollends aus.

Mein Mut schwand zusehends dahin. Ich gehöre hier nicht her, dachte ich, es ist Freitag, und ich könnte in Hamburg bei meiner Liebsten sein, was will ich hier? Von irgendwo her kam mir eine Textzeile von Herbert Grönemeyer in den Kopf, „geleite mich heim, rauhe Endlosigkeit", wo ihm das wohl eingefallen war?

In einem kleinen Ort setzte ich mich an einer Bushaltestelle auf die Bank; der Bus fuhr einmal täglich, um 7.54 Uhr, aber nur montags bis freitags, und auch nur dann, wenn keine Schulferien waren. Mein Liebäugeln mit dem Landleben ließ zusehends nach. Ich sehnte mich nach einem Lächeln, nach Liebe, nach Wärme; für all das war ich zur falschen Zeit am falschen Ort. Ich stellte mich darauf ein, bis Braunschweig die Zähne zusammenzubeißen.

Ich kam an einer Grundschule vorbei. Mir fiel der Tag meiner Einschulung in Eschborn ein, ich war krank gewesen damals, übergab mich den ganzen Morgen und hatte eine heiße Stirn und bekam deshalb meine Schultüte im Bett, es waren Süßigkeiten darin und ein Plüschhase und ein Spielzeuglaster, den hatte ich mir lange gewünscht, und am nächsten Tag war ich dann doch einigermaßen guter Dinge und ging in die Schule, die ich nach vier Wochen wieder verlassen würde, wegen des Umzugs nach Hamburg. Mittlerweile waren mir Autos gleichgültig, an diesem Tag hasste ich sie sogar; zwischen den Dörfern machten sie mir das Wandern zur Hölle. Ich freute mich auf die Mittelgebirge, da würde es Fußwege geben und sogar Wegweiser für Wanderer. Hier erwarteten die Leute offensichtlich keine Touristen – „mit Recht!", fluchte ich in Gedanken vor mich hin: Rübenernten und Autofahren, und das war's dann.

Im nächsten Ort kam mir ein kleiner Mann mit rundem Gesicht und weinroter Schiebermütze entgegen. „Na, Charlie Brown“, rief er schon von weitem, „haste wat zum Rauchen?“

Ich schüttelte den Kopf.

„Nix? Rauchste nicht? Wo kommste'n her, wo willste hin?“

In seinen Mundwinkeln zogen sich angetrocknete, weiße Spuckefäden wie Gummibänder beim Sprechen auseinander und wieder zusammen.

Ich sagte meine Geschichte auf, und er stammelte aufgeregt: „Wat, und wo schläfste?“

Ob er vielleicht einen netten Bauern kenne in der Gegend, fragte ich ihn, doch er war nicht von hier; man hatte ihn gerade ins Altersheim verfrachtet.

„Warum gehste'n nicht zum Sozialamt, Geld holen?“, fragte er.

Dass ich freiwillig zu Fuß unterwegs war, seit zwölf Tagen, konnte er nicht verstehen.

„Zwölf Tage“, sagte er laut und schüttelte den Kopf. Dann drehte er sich plötzlich weg und stapfte davon. „Zwölf Tage“, hörte ich ihn noch einmal murmeln.

Ich rechnete mit nichts Gutem mehr, als ich am frühen Abend eine Kleinstadt namens Meinersen erreichte. Und plötzlich stand ich vor einem freundlichen, prächtigen Haus, einer Villa mit großem Grundstück, dahinter Wiesen mit Apfelbäumen. Am Weg, der auf das Grundstück führte, stand ein Schild mit der Aufschrift „Künstlerhaus“.

Mit klopfendem Herzen schritt ich zur Tür; der Spuk der Rübenprovinz hatte ein Ende, hier würde ich auf Gleichgesinnte treffen – auf eine fröhliche Wohngemeinschaft, in der zusammengelebt, gefeiert und Kunst geschaffen wird. Ein Künstlerhaus! Ich konnte mein Glück kaum fassen.

Es war überall dunkel im Haus, aber die Sonne war ja schließlich noch nicht untergegangen. Im ersten Stock stand ein Fenster offen.

Ich klingelte.
Nichts tat sich.
Ich klingelte noch einmal.

Nebenan war ein Antiquitätencafé. Ich beschloss, es später noch einmal zu versuchen, setzte mich derweil auf ein Biedermeiersofa für 820 Euro und trank Cappuccino aus Porzellan mit Goldrand, lehnte mich zurück und fühlte mich wie ein Wanderer in der Wüste, der unerwartet in eine Oase gestolpert war. In dem Künstlerhaus, erzählte die Besitzerin, wohnten Stipendiaten aus aller Herren Länder, bestimmt würde ich am Abend jemanden antreffen. Die Villa sei früher das Haus des Amtsrichters gewesen, alle Häuser ringsherum standen unter Denkmalschutz; in ihrem Antiquitätencafé war früher Korn gelagert worden.

Sie war beseelt von ihren antiken Möbeln: führte mich durch den Laden und strich liebevoll über Kristallglas und einen englischen Spieltisch aus der Zeit um 1800, hob vorsichtig chinesische Vasen an und ließ sich in einem mächtigen, mit rotem Filz bezogenen Sessel nieder. „Ich stelle mir manchmal vor, diese Dinge könnten erzählen“, sagte sie. Für die Möbel machte sie weite Reisen; vieles stammte aus Haushaltsauflösungen, oft aber fuhr sie beispielsweise nach Dänemark, „da ist im Krieg so gut wie nichts zerstört worden, da bekommt man tolle Sachen.“

Sie zeigte auf ein in Holz gerahmtes Oscar-Wilde-Zitat an der Wand, ihren Lieblingsspruch: „Die in schönen Dingen eine schöne Bedeutung entdecken, sind die Kultivierten. Für sie besteht Hoffnung.“ Gutes Stichwort, dachte ich und machte mich auf, es noch einmal beim Künstlerhaus zu versuchen.

Es wurde langsam dunkel. Im Haus war noch immer kein Licht, das Fenster im ersten Stock stand nach wie vor offen.

Ich klingelte. Nichts rührte sich.

Ich ging ums Haus, spazierte ein bisschen durch die Wiese

mit den Apfelbäumen und klingelte noch einmal, und nichts passierte. Ich klingelte ein letztes Mal und machte mich auf zu gehen.

Im Flur ging das Licht an, Schritte kamen näher. Eine Frau öffnete die Tür. Sie hatte schwarzes Haar und asiatische Gesichtszüge, trug einen grauen Rollkragenpulli und sah verschlafen aus.

„Ja?"

Ich erzählte von meiner Wanderung und fügte hinzu, ich wolle unbedingt die Künstlerszene von Meinersen kennen lernen.

„Hmm", murmelte sie, „weiß nicht recht, was ich sagen soll."

„Ist es gerade ungünstig? Soll ich lieber morgen noch mal vorbeischauen? Dann suche ich mir jetzt erst einmal einen Schlafplatz irgendwo im Ort ..."

„Ja", sagte sie, „vielleicht morgen", und als ich mich gerade umdrehen wollte und gehen: „Oder wollen Sie doch jetzt, ganz kurz ...?"

Ehe sie es sich anders überlegen konnte, war ich im Haus und folgte ihr die knarrende Treppe hinauf: Es war kühl und leer, genug Platz für hundert Isomatten und Schlafsäcke; im ersten Stock standen nichts als zwei Skulpturen, die an Plattenspieler erinnerten. Wir gingen in ihr Atelier, setzten uns, sie brachte mir einen Kaffee. Wir könnten nicht so laut reden, sagte sie, ihr Mann, auch Künstler, liege nebenan und schlafe.

Sie schaute oft zu Boden beim Reden, ab und zu lachte sie kurz verlegen auf und hielt sich dabei schnell die Hand vor den Mund. Sie war Mitte dreißig, stammte aus Südkorea, hatte an der Kunsthochschule in Braunschweig studiert und danach eine Ausstellung gemacht, und da hatte sie jemand angesprochen und gefragt, ob sie Interesse an einem Stipendium habe: eineinhalb Jahre mit anderen Künstlern in einem großen Haus in Meinersen leben und arbeiten, finanziert vom Landkreis, der Gemeinde und der Sparkasse.

„Kommen oft Leute aus dem Ort zu Besuch?", fragte ich.

„Nicht so oft. Ehrlich gesagt, wir wollen auch nicht bei der Arbeit gestört werden."

Sie zeigte mir ein paar ihrer Bilder; das eine war fast so groß wie die Wand, es hieß „Interieur" und bestand aus geometrischen Formen in verwaschenen Farben. „Sie stehen als Betrachter jetzt im Garten", erklärte sie, „und das hier ist die Terrassentür. Es ist natürlich sehr stark abstrahiert. Erinnerungen sind immer abstrahiert."

Sie schaute gern aus dem Fenster, dabei kamen ihr die besten Ideen. Sie wurde lebendiger, als sie von ihren Bildern erzählte; ihre Hände wurden wach und gestikulierten und zeichneten die Pinselstriche nach, und sie hörte auf, beim Lachen die Hand vor den Mund zu halten. Irgendwann fragte sie mich nach meiner Wanderung, ich erzählte von meinem Weg nach Hause. Und sie sagte, sie sei im Sommer in der Heimat gewesen, in Korea, zum ersten Mal seit fünf Jahren, und zum ersten Mal war es ihr schwer gefallen, wieder abzureisen; sie hatte mit ihren Eltern, ihren Brüdern und Schwestern am Strand gesessen, und sie hatten sich viel Mühe gegeben, ihr eine schöne Zeit zu bereiten, hatten ihr viel Liebe geschenkt; und jetzt versuchte sie sich seit Wochen wieder einzugewöhnen im Norden Deutschlands, wo die Sonne so viel seltener schien. „Die Menschen hier lachen wenig", sagte sie.

Es wurde dunkel draußen. Ich fragte sie nach einem Bauern im Ort, mit Scheune und Stroh, zeigte auf meinen Schlafsack, der außen auf den Rucksack geschnallt war, und war sicher, sie würde keinen kennen, würde mir irgendeinen Platz zuweisen in dem riesigen Haus, es wäre das Einfachste der Welt.

„Moment", sagte sie, „ich frage meinen Mann." Sie ging an die Tür zum Nebenzimmer, öffnete sie einen Spalt und steckte den Kopf hindurch. Ich hörte sie leise sprechen, hörte die Worte „Übernachten" und „Bauernhof" heraus, und eine männliche Stimme antwortete, langsam, tief und müde, irgendetwas mit „Hauptstraße" und „Pension Erika".

Sie schloss die Tür, so leise es ging. „Die Hauptstraße runter", sagte sie, „da sehen Sie irgendwann links die Pension Erika."

Ich bedankte mich für den Kaffee und zog den Rucksack auf; fragte am Ausgang, ob es sich lohne, am nächsten Vormittag noch einmal wiederzukommen; ob ich dann die beiden anderen Künstlerkollegen kennen lernen könnte.

„Sie können es versuchen", sagte sie, „aber die haben meistens nicht so viel Lust."

Nicht so viel Lust, nicht so viel Lust. Kopfschüttelnd ging ich die Hauptstraße hinab, Pension Erika, das wäre doch gelacht. Ich ging in eine Seitenstraße und auf die Einfahrt eines Bauernhofes; ein Dackel kam mir entgegen, sprang mit wedelndem Schwanz an mir hoch und leckte mir die Finger; das Frauchen eilte hinterher, ich lächelte, so herzlich es ging, und fragte.

„Wir haben kein Stroh."

Vielleicht etwas anderes, irgendeinen Platz für eine schmale Isomatte?

„Nein", sagte sie, „und ich habe auch keine Zeit, ich muss weg." Sie drehte sich um und verschwand im Haus.

Die unverblümten Lügen sind immer noch die besten, dachte ich und ging weiter, bemühte mich, die Frau zu verstehen in ihrer Angst vor Kriminellen, sicher erfuhr sie im Fernsehen und in der Zeitung von vielen bösen Dingen, aber es war demütigend, wenn das Gute in einem selbst nicht erkannt wurde.

Ich fand einen weiteren Hof, in die Fachwerkbalken waren Schriftzüge aus dem 17. Jahrhundert graviert. Ich ging ein Stück aufs Grundstück, ein Hund lief mir entgegen, ein größerer diesmal, und blieb bellend vor mir stehen. Ruhig bleiben, dachte ich, und endlich kam jemand, ein hagerer Mann mit schlabberndem Pullover und wildem Vollbart, die Hände in den Hosentaschen; er lachte.

Er hörte sich mein Anliegen an, überlegte einen Moment, führte mich dann in den kleinen Hofladen, legte eine Holzpalette auf den Betonfußboden und hielt inne. „Nein, das geht nicht, da auf dem kalten Boden, kommen Sie erst mal ins Haus, Sie haben doch sicher noch nichts gegessen."

Der Hund folgte uns und hörte nicht auf zu bellen.

„Der tut nichts", sagte der Mann, „der da, der ist schon ein bisschen griffiger." An der Anhängerkupplung eines alten Kombi neben dem Hauseingang war der zweite Hund angeleint, wohl eine Kreuzung aus Schäferhund und Wolf, das eine Ohr stand aufrecht, das andere hing herab, und er bellte und knurrte sich die Seele aus dem Leib, als wir näher kamen.

Wir gingen in die Küche, es war warm und wunderbar rumpelig darin; die Farbe blätterte von den Schränken, auf der zerschrammten Tischplatte lagen Würste im offenen Packpapier; hier war ich richtig. „Na, dann greifen Sie mal zu, Mensch!", sagte er.

Er schnitt mir zwei Scheiben Brot ab und mahnte mich, die gute Leberwurst nicht zu dünn aufzustreichen; alles aus eigener Schlachtung, genug da. Ich aß, und nach den zwei Scheiben gelang es mir bei aller Höflichkeit nicht zu verbergen, dass der Magen gerade erst auf den Geschmack gekommen war. „Nehmen Se ruhig noch was an", sagte er kauend und schob wieder die Wurst herüber. Seine Wangen und die Nase waren sonnengerötet, tiefe Furchen durchzogen seine Wangen, er lachte viel – oft war es ein kurzes Auflachen, als wollte er dem gerade Gesagten den Ernst nehmen.

„So was hab' ich noch nie erlebt", murmelte er und schüttelte den Kopf und lächelte mich an; aber er gab mir keine Sekunde das Gefühl, mein Besuch hätte ihn unangenehm überrascht. Ich solle es mir bequem machen, sagte er, er wolle gerade aufbrechen zum Training seiner Sportgruppe, „ach, obwohl", und er setzte sich wieder, um nachzudenken. „Wir haben leider keine Gästezimmer, das tut mir Leid“, und es schien ihn ernstlich zu beschäftigen. „Den Lieferwagen könnte Ihnen vielleicht anbieten, wenn wir den mit Teppichen auslegen.“

Die Haustür ging auf, ich hörte das Tapsen von Hundepfoten und ein lautes Grollen; „Cora!“, rief jemand, „was ist denn?“, und im selben Moment stürzte der graue Hund um die Ecke, auf mich zu, der Wolf mit dem hängenden Ohr; er schielte ein bisschen, schien schon alt zu sein, aber deshalb nicht minder entschlossen; man kann bei Hunden tatsächlich Gesichtsausdrücke sehen, dachte ich, und dieses Hundesgesicht strahlte wenig Gutes aus. „Da ist ja jemand im Haus“, rief das Mädchen, das hinterherkam, „oje.“

Coras Schnauze stieß mir in die Seite, immer wieder, laut schnüffelnd, suchte meinen Rücken ab, das durchgeschwitzte Hemd, unter Grollen und Bellen; ich rechnete jede Sekunde damit, ihre Zähne im Fleisch zu spüren, hielt ganz ruhig, und plötzlich verstummte das Bellen, schlug in heftiges Winseln um, Schwanzwedeln, das Grimmige in den Hundeaugen wich einem treuherzigen Blick.

„Sie haben einen guten Charakter“, sagte Bauer Schrader kauend, „Hunde merken so was.“

Ich lud ihn auf ein Bier in die Dorfkneipe ein; das Bedürfnis, mich irgendwie zu revanchieren, konnte ich nicht ganz unterdrücken. Er zog ein frisches Hemd an, und auf dem Weg nach draußen holte er einen staubigen Perserteppich aus der Abstellkammer, klopfte ihn aus, hob die Plane über der Ladefläche eines Lieferwagens an und warf den Teppich auf die Holzplanken. „Geht das?“, fragte er, „wenn's zu kalt wird, klingeln Sie.“

In der Kneipe begann er von seinem Hof und der Familie zu erzählen. Sechs Kinder hatte er, und keines wollte den Hof übernehmen, „verstehe ich ja auch, das wird alles immer härter.“ Die Landwirtschaft werde offenbar von den Mächtigen gezielt Richtung Osten verlagert; unter deutschen Bauern gehe es nur noch darum, möglichst viel Fläche zusammenzukaufen, um als großer Hof zu überleben – „da musst du dir einen größeren Schlepper kaufen, einen größeren Pflug, ich mach' das nicht mit." Er nahm an einem Wildkräuterprogramm teil; das brachte das gleiche Geld, als wenn er die Fläche beackern würde. Sein Hof war seit dem 17. Jahrhundert im Besitz der Familie, gegründet noch vor dem 30-jährigen Krieg, sein Nachname stand im Holzbalken über der Tür, in Goldbuchstaben. „Hätte ich gemerkt, dass die Kinder Interesse haben, dann würde ich natürlich vieles anders machen. Aber man will ja nicht ins Leere investieren. Nach mir ist Feierabend." Er bemühte sich, ein bisschen fröhlich zu klingen. „Der Junior ist sechsundzwanzig, der will zu Siemens, in die weite Welt. Dann sitz' ich hier auf meinem Misthaufen." Er schaute über sein Bierglas auf die Hände des Wirts, der gerade ein Pils zapfte.

Für die zweite Runde gingen wir in ein griechisches Restaurant, kurz vor Feierabend; in der Ecke saßen die letzten Gäste und prosteten sich immer wieder mit „Stößchen!" zu und kicherten. Ich bestellte ein Bier für einen Euro, Bauer Schrader stieg auf Alsterwasser um. „Ich muss morgen früh fit sein", erklärte er, „bei der Arbeit merkt man jedes Glas. Alkohol macht langsam."

Es regnete, als wir zurück zum Hof gingen. „Klingeln Sie, wenn irgendwas ist", sagte er noch mal, „und machen Sie sich keine Sorgen wegen Cora, die kommt ins Wohnzimmer." Ich schlug die Plane des Lieferwagens hoch, zwei Kätzchen schreckten auf und sprangen davon; sie hatten es sich auf meinem Schlafsack gemütlich gemacht. Es war behaglich unter der Plane; draußen prasselte der Regen. Ich warf eine Allergietablette ein und fiel schnell in einen tiefen Schlaf.

12

Der Regen hielt an am nächsten Morgen; ich entschloss mich, noch ein bisschen zu bleiben, und bot meine Hilfe auf dem Hof an. Bauer Schrader schlich unruhig durch die Küche, überlegte, was zu tun wäre, und fluchte über den Regen: „Der Winter naht, und ich komm' nicht zum Kartoffelroden, weil's dauernd nass und matschig ist. Die müssen raus aus der Erde, Mensch, höchste Zeit."

Wir tranken Kaffee, und nach einer guten Stunde endlich ließ der Regen nach; Schrader reichte mir einen Eimer, zum Zwetschgenpflücken. Ich wuchtete eine Holzleiter an den Baum; die Zweige kratzten ein bisschen an meinen Händen beim Pflücken, aber der Eimer füllte sich schnell. Als Nächstes war Holz zu sägen; zu zweit wuchteten wir mächtige Planken, aus dem Stamm einer alten Pappel geschnitten, auf eine Sägemaschine; ein kreischendes, gezahntes Band fraß sich den Weg durchs Holz; und immer wieder mussten wir die Baumscheiben mit Wasser abspülen, weil sie voller Sand waren – woher auch immer der kam; „vielleicht waren das die Kellerasseln", grübelte Bauer Schrader, „vielleicht schaffen die den Sand in die Ritzen? Weil sie irgendetwas bauen wollen?"

Es war Mittag, ehe alles Holz gesägt war; ich ließ mich gern überreden, noch auf einen Teller Bratkartoffeln und Rollmöpse zu bleiben. Dominik, Bauer Schraders jüngster Sohn, setzte sich dazu; er war übers Wochenende zu Besuch aus Kiel, wo er Energietechnik studierte. Er erzählte von seinen Kollegen an der Uni, die nie nach Hause fuhren, denen mit dem ersten Semester ihr früheres Leben, ihre alten Freunde, ihre Heimat plötzlich gleichgültig waren. Er selbst kam gern nach Hause, nach Meinersen,

„man vermisst schon die Heimat. Ist alles ein bisschen grüner hier, man kennt die Leute. Obwohl, wenn ich ein paar Tage hier bin, freue ich mich auch wieder auf Kiel."

Er trug ein Sweatshirt mit der Aufschrift „5000 miles westward" und ein modern in die Stirn gekämmtes Pony, dazu ein kluges, besonnenes Lächeln. Ob ihn die Landwirtschaft nie wirklich interessiert hätte, fragte ich.

„Nicht wirklich."

„Kommt noch", rief sein Vater dazwischen und schickte gleich sein kurzes, alles entschärfendes Lachen hinterher, „nein, nein, ist gut so, es wird ja auch immer härter", dann schwieg er und aß weiter.

Auf dem Hof leben wolle er durchaus, sagte Dominik, das wäre ideal, „mit dem Grundstück könnte man schon einiges machen." Dazu aber müsste man einen Job in der Gegend finden, und der alles beherrschende Arbeitgeber war nun einmal Volkswagen. Gerade plante eine große Zulieferfirma, weitere Jobs ins Ausland zu verlagern. Ans Familiegründen dachte nur noch einer aus seinem Bekanntenkreis. „Keiner plant mehr in die Zukunft, man denkt nur noch von Tag zu Tag. Kein Wunder, wenn man nur noch Zeitverträge bekommt. Alle haben Angst um den Job, wie soll man da ans Kinderkriegen denken? Man trägt doch Verantwortung, wenn man Kinder in die Welt setzt; da braucht man wenigstens ansatzweise die Gewissheit, dass man sicher planen kann." Wir redeten uns ein bisschen in Rage, bestätigten einander im Kopfschütteln über so manch absurde Forderung an unsere Generation, Vater Schrader lauschte uns kauend mit aufmerksamem Blick; Dominik erzählte von seinem Traumberuf, er wollte gern an der Planung eines Großkraftwerks mitwirken.

„Tja", sagte sein Vater dann, „so hat jeder seine Pläne", und dabei starrte er zwischen uns beiden hindurch die Wand an.

Ich verabschiedete mich Hände drückend und Schultern klopfend von der Familie und ging Richtung Süden, über Brücken und brenzlige Kreuzungen, immer am linken Rand der Landstraßen entlang. Die Regionalzeitung hatte ein „Kartoffelfest" als Großereignis des Wochenendes angekündigt, und weil ich mit Kartoffelfesten gute Erfahrungen gemacht hatte und es die einzige Chance schien, unter Leute zu kommen an diesem Samstag, schlug ich dafür einen kleinen Umweg ein.

Lange geschah nichts, als dass ich ging und ging und endlose Baumreihen an mir vorbeiziehen ließ; und schließlich traf ich auf eine mit rot-weißen, gespannten Plastikbändern zum Parkplatz umfunktionierte, gigantische Grasfläche; wie bei einem Rockfestival, nur dass der Parkplatz fast leer war.

Den Entschluss, für das Kartoffelfest einen Umweg einzulegen, bereute ich schnell. Ich schlängelte mich zwischen Familien mit Leinenbeuteln in der Hand hindurch; an den Verkaufsständen gab es Herzwaffeln, Wurstbrote und einen Bücherflohmarkt für Tschernobylkinder, man konnte sich den eigenen Namen in Frühstücksbrettchen brennen lassen und Broschüren über die Bedeutung des Rübenanbaus für die Region mitnehmen. Um 18 Uhr war Schluss mit dem Volksfest. Einen Schlafplatz hatte niemand für mich, das Gasthaus war ausgebucht wegen der Schausteller, die aus den Nachbarkreisen angereist waren; ein Händler für australische Lederhüte immerhin fand meine Wanderung „lässig" und hätte mich gern in seinen Wohnwagen aufgenommen, wenn der nicht schon voll gewesen wäre.

Ich versuchte es noch im benachbarten Ort, folgte einem Hinweisschild, das „Gästezimmer" versprach, auf die Einfahrt eines Hofes, und sah, während ich wartete, dass auf dem Grundstück gegenüber eine misstrauische Alte in Hausschuhen bis an ihre Pforte gestapft war und mich beobachtete, die Hände in die Hüften gestützt.

Niemand öffnete, und ich ging weiter, die Straße abwärts, kam an ein Schuhgeschäft, auch hier der Hinweis auf Gästezimmer. Wieder stand ich vor verschlossener Tür, und als ich sah, dass mich, während ich wartete, im Nachbarhaus jemand durch einen Spalt der leicht geöffneten Haustür beobachtete, beschloss ich, dem Landkreis Peine so schnell wie möglich den Rücken zu kehren.

Auf der nächsten Hügelkuppe drehte ich mich noch einmal um, sagte den Pfeife rauchenden Strohballenfiguren, die für das Kartoffelfest warben, für immer Adieu, und schaffte es an dem Abend bis in eine Kleinstadt, in der ich das letzte freie Gästezimmer bezog. Richtung Süden wird alles besser, dachte ich, ehe ich einschlief.

13

Noch dreißig Kilometer bis Braunschweig, so hatte man mir gesagt, es war Sonntag, es gab keine Wanderwege, und auf den Landstraßen waren die Ausflügler unterwegs. Ein Mercedes raste mit heulendem Motor auf mich zu – ich ging schon auf dem Grasstreifen zwischen Straße und Graben, und im letzten Moment machte der Fahrer einen kleinen Schlenker, um mir haarscharf auszuweichen. Ich sah immer mehr Limousinen, mit Familien darin, die mit Vollgas in den Sonntag rasten. Die Blicke, die mich durch die getönten Scheiben trafen, sagten: „So etwas tut doch ein anständiger Mensch nicht, so jemand kann doch nur Schlechtes im Schilde führen. Ein anständiger Mensch setzt sich am Sonntag hin und schlägt sich den Bauch mit Torte voll und verfährt ein bisschen Benzin." Meine Laune war nahe dem Gefrierpunkt.

Fast niemand in den Dörfern, durch die ich kam, grüßte mich; manche schauten mich an, starrten fast, und wenn ich dann so etwas wie „Guten Tag" sagte, sprang ihr Blick von mir ab, und sie gingen erschrocken weiter. Vielleicht sollte ich mich auch einfach mal wieder rasieren, dachte ich, und steckte für den Anfang das Hemd in die Hose.

Es war später Nachmittag, als ich bei Christoph ankam. Wir saßen in seiner Dachwohnung, in der er mit seiner Freundin lebte, und tranken Kaffee. Ich war froh, dass ich nicht eine neue Bekanntschaft schließen und die Geschichte meiner Unterwegsseins von neuem erzählen musste. Zwei Wochen war es her, dass ich an einem ähnlich trüben Sonntag in Hamburg aufgebrochen war; mehr als die Hälfte der Strecke lag noch vor mir. Es war wie in Zwischenstopp im Hafen einer vertrauten Insel.

Wir spazierten durch den Sprühregen in die Stadt, ich schleppte mich auf meinen schmerzenden Füßen neben ihm her; wir durchquerten den Schlosspark, einen von Bauzäunen durchzogenen, hübschen Park im Herzen der Stadt; die Fläche sollte mit einem Einkaufzentrum zugebaut werden, mit einer „Fassade, die an das Braunschweiger Residenzschloss erinnert", wie die Bauherren versprachen; die ersten Erdhügel waren schon aufgehäuft. Christoph war in Braunschweig zu Hause, die Ausflüge nach Berlin und Madrid während des Studiums genügten ihm: „All die Erinnerungen, die man hier hat", sagte er, „das ist doch schon so etwas wie Heimat, das lässt man nicht einfach zurück."

Wir setzten uns in eine mexikanische Bar und ließen den Abend kommen, beide zu müde, um allzu viel zu reden: er von der gerade überstandenen Erkältung und der Aussicht, am nächsten Morgen um sechs aufzustehen, um nach Salzgitter zu fahren, wo er als Ingenieur arbeitete, unsicher, was aus seinem Arbeitsplatz werden würde: in der Firma machten Gerüchte von nahenden Entlassungen die Runde, und unbefristete Verträge gab es sowieso keine mehr; ich erschöpft von der Wanderung und den pochenden Füßen: Die Stelle, an der ich die Blase erdolcht hatte, schien sich zu erholen, aber vorne am großen Zeh braute sich etwas Neues zusammen. Wir tranken Apfelschorle und gingen früh schlafen.

Mit Broten im Gepäck verließ ich im Morgengrauen die Stadt, wir hatten noch zusammen Christophs Wanderkarten vom Harz studiert, auf den Dachfenstern sammelte sich das Nass, das mich den Tag über begleiten würde, und er hatte gesagt: „Ich würde schon gern mitgehen, wenigstens durch den Harz." Dann hatte er sich ins Auto gesetzt und war zur Arbeit gefahren.

Ich ging keine zehn Minuten, dann ließ ich mich auf einer nassen Bank vor dem klotzigen Bahnhofsgebäude nieder, wickelte eins der Salamibrote aus der Folie und biss hinein und schaute den Leuten zu, die in den Bussen mit den ratternden Dieselmotoren im Trockenen saßen, leicht gebeugt und fröstelnd die Jackenärmel über die Hände gezogen, auf dem Weg in ihre geheizten Büros. Es regnete, aber ich beneidete keinen von ihnen.

Auf dem langen Weg an einem großen See entlang begegneten mir Hundebesitzer und zweimal derselbe Jogger, beide Male lächelte er mir freundlich zu; jedes Lächeln auf dem Weg war ein kleines Geschenk. Ich ging durch eine Unterführung unter der Autobahn hindurch, der Weg machte eine scharfe Kurve bergauf, und oben tat sich ein Stück Wald auf und ein weiter Blick hinunter auf die Autobahn, über sie hinweg, ins Weite, soweit es der Regen zuließ. Die feinen Tropfen perlten an mir ab, es tat gut, die Welt von oben zu sehen, das Leben in der Stadt und am Schreibtisch lag weit hinter mir, ich genoss ein großes Privileg: das Privileg, den ganzen Tag durch den feinen Regen gehen zu dürfen und ein Ziel vor Augen zu haben – und das Auf und Ab und die Waldränder waren ein Zeichen, dass mein Ziel näher rückte, dass die Norddeutsche Tiefebene hinter mir lag und ich allmählich ins Land der Mittelgebirge vordrang.

Gegen Mittag erreichte ich Wolfenbüttel, eine hübsche Fachwerkstadt, in der Plakate von Veranstaltungen zu Lessings 275. Geburtstag kündeten. „Der Langsamste, der sein Ziel nicht aus den Augen verlieret“, war eines davon überschrieben, „geht noch immer geschwinder, als der ohne Ziel herum irret“, und deshalb setzte ich meine Reise nach einer Pause mit Kaffee und Rührei fort, Richtung Harz, Richtung Süden; endlich das Mittelgebirge erreichen.

Ich verließ die Stadt entlang einer sanft steigenden Straße, fand schließlich die weißen Kreuzchen an den Laternenpfählen und Straßenschildpfosten, wie ich sie von der Strecke entlang der U-Bahn nach Hamburg-Billstedt kannte, blickte zurück und sah die Stadt von oben, und im Westen die ersten Konturen, die entfernt an Mittelgebirge erinnerten; jenseits der Rübenäcker zeichneten sich Höhenzüge ab. Ich verschnaufte kurz auf einer einsamen Bank im Schatten eines Ahornbaumes; der Weg führte geradewegs auf einen dichten Wald zu, den Oderwald, in dem ich laut Karte nach ein paar hundert Metern verschwinden würde. Rechts am Rand der schmalen Straße sah ich das erfreulichste Schild seit langem: Tempo fünfzig, rot eingekreist, darunter der Hinweis: „Wanderweg". Endlich kehrten sich die Machtverhältnisse einmal um.

Es ging wieder leicht bergab, fast wie von selbst schob ich mich vor auf dem Weg; erst jetzt, hatte ich das Gefühl, begann die echte Wanderung. Der Wald kam näher und näher, dann tauchte ich hinein.

Eine Weile begleiteten mich noch die weißen Kreuzchen auf Baumstämmen, schon von weitem sichtbar, dann waren sie plötzlich verschwunden; ich musste eine Abzweigung übersehen haben. Ich war alleine in dem Wald, statt Vogelzwitschern hörte ich, näher, als sie laut Karte hätten sein dürfen, die Geräusche der Autobahn, trat plötzlich am westlichen Rand des Waldes heraus und blickte auf den rasenden Verkehr; dahinter aber begann das Land sich zu wellen, machte dann einen entschlossenen Anstieg, und hinter den Bergen glomm der wolkenbedeckte Himmel schwach auf. Der Harz lag vor mir, ein Zeichen, dass ich zwar vom Europäischen Wanderweg abgekommen war, aber in die richtige Richtung steuerte. Im fernen Dunst sah ich Berge und Täler auftauchen, tiefe Wälder und kleine Bäche; ich unterquerte die Autobahn und sah im Nordwesten die Schlote der Industriestadt Salzgitter in den Himmel zeigen, im Südwesten, in meiner Richtung, legte sich ein schwarzer Wolkenteppich über die Berge.

Bevor der Harz begann, musste ich eine weitere Übernachtung einlegen. Ich ließ mein Gepäck bei einem alten Ehepaar, das ein paar Zimmer ihres großen Hauses an Monteure vermietete, und humpelte zum Abendessen in eines der beiden Gasthäuser im Ort.

„Essen?“, fragte die Wirtin und schaute mich an, als hätte ich ihr unsittliche Angebote angemacht, „das ist ganz schlecht. Ich hab’ gerade die Kegelbahn in Betrieb.“

14

Am Morgen erstach ich die zweite Blase der Reise und klebte ein Pflaster darüber; sie war kleiner als die erste und dehnte sich unter der Hornhaut am großen Zeh aus. Nach den ersten Kilometern löste sich der Restschmerz im dumpfen Marschieren auf; die Füße lernten mehr und mehr, tapfer zu verdrängen, was ihnen angetan wurde.

In der Altstadt von Goslar traf ich Volker, den letzten Vorsitzenden der Jusos im Landkreis. Wir spazierten über den alten Marktplatz; um uns lauter Leute mit grauen Haaren und beigefarbenen Jacken. Volker war einundzwanzig. „Die Wahrscheinlichkeit, dass ich in Berlin oder Hamburg zufällig jemanden aus meiner Schulzeit treffe", sagte er, „ist größer als hier in der Fußgängerzone."

Volker hatte nur Zeit für einen schnellen Kaffee; es war sein letzter Tag in der Heimat, am Nachmittag würde er seinen Möbeln nach Mainz folgen, um sich dort zum Messe-, Kongress- und Eventmanager ausbilden zu lassen. „Eine Hand voll Leute sind noch da", sagte er, „die arbeiten alle in der Chemie, sonst ist hier nichts mehr." Den wirtschaftlichen Niedergang seiner Heimat trug er mit Fassung; „klar, die Landschaft ist natürlich ganz hübsch, aber nach zwanzig Jahren hast du den Harz auch irgendwann über."

Volker trug eine fein gerahmte Brille und Jeans mit Schlag, sein Lächeln war wach und selbstbewusst; jede Geste schien zu sagen: „Das hier ist alles nichts mehr für mich, ich bin jetzt einundzwanzig und habe Größeres vor." Als Juso-Vorsitzender hatte er dafür gekämpft, dass zwischen Städten wie Braunlage, Clausthal und Goslar am Wochenende Discobusse verkehren sollten, um die Gegend wenigstens ein bisschen attraktiver für den Nachwuchs zu machen, aber im Gemeinderat hörte er dann immer wieder: „Wir verdienen doch gut an den alten Leuten, also was soll's?"

Um Nachwuchs für seine Heimatstadt anzuwerben, hatte Sigmar Gabriel in einem ehemaligen Kasernengebäude eine Fachhochschule einrichten wollen, aber nachdem Christian Wulff von der CDU 2003 die Wahlen in Niedersachsen gewonnen hatte, war die Sache erledigt. Das Schicksal der Jusos in Sigmar Gabriels Heimatkreis schien besiegelt; ein neuer Vorsitzender war nicht in Sicht. „Es gibt ein paar 15- bis 16-Jährige", sagte Volker, „aber denen kann man noch keine große Verantwortung übertragen. Und mit 20, 21 gehen die meisten weg."

„Ich musste mich ständig mit irgendwelchen Ewiggestrigen und Revanchisten herumschlagen", erzählte er; zum Beispiel dieses „Kreuz des Ostens" oberhalb von Bad Harzburg, das an die verlorenen Gebiete im Osten erinnern sollte, eine Pilgerstätte der Nazis. Eines Tages fiel es um, die Jusos und einige andere sahen die Angelegenheit damit erledigt, aber der Bund der Vertriebenen sammelte Spenden, und das Kreuz wurde wieder aufgestellt. „Dann nennt es wenigstens anders", hatten die Jusos gefordert, und nach langem Hin und Her einigte man sich auf einen Kompromiss. Seither hieß es „Kreuz des Friedens", aber die Leute, die hinaufpilgern, waren dieselben.

Ob er irgendwann zurückkehren würde? „Keine Ahnung", sagte er, schwenkte den letzten Rest Kaffee in der Tasse und leerte sie in einem Zug. „Mir ist viel wichtiger, dass der Job Spaß macht, als dass ich bei meinen Eltern im Haus sitze. Ich könnte grundsätzlich überall leben, wenn's nicht gerade Bitterfeld oder Cottbus ist. Aber auf ewig im eigenen Kaff bleiben und jung Familie gründen –", er schaute einen Moment aus dem Fenster, dann schüttelte er sich und lachte. „Nä."

Wir zahlten und gingen zusammen nach draußen. Er schaute die Straße hinauf, auf dem Marktplatz war gerade eine Busladung Rentner unterwegs. „Ich glaube, ehrlich gesagt, nicht mehr, dass die hier noch die Kurve kriegen. Die bauen ringsum ein Altenheim nach dem anderen, darin sehen sie wohl ihre Zukunft." Dann verabschiedete er sich und verschwand nach Mainz.

Es war früher Nachmittag, das Grau des Himmels hatte sich aufgehellt, ich spazierte noch ein wenig über den Marktplatz und lauschte dem Glockenspiel. Es roch nach frisch geräucherter Mettwurst; ein einsamer Marktverkäufer mit roter Schirmmütze brüllte den alten Leuten nach, die alle ungerührt an seiner Wurst vorbeischlenderten: „Jungejungejunge, hier is' was los. Komm her, sechs Euro, drei Würste, wo geht die Hand hin, das ist deine Wurst."

Ich setzte mich in ein asiatisches Schnellrestaurant, auf einen Platz am Fenster; gegenüber stieg ein junger Dachdecker immer wieder eine bedenklich schwankende Aluminiumleiter hinauf, jedes Mal eine Rolle Dachpappe auf der Schulter. „So einen Beruf möchte ich auch nicht machen, der arme junge Mann", sagte eine der beiden alten Damen am Tisch nebenan. Sie trugen feine Blusen und sahen sehr würdevoll aus, wie sie den chinesischen Porzellanlöffel zum Mund führten.

Sie schauten zu mir herüber, als mein Essen kam, wünschten mir Guten Appetit, und wir kamen ins Gespräch; sie waren auf Tagesausflug, aus Bad Harzburg, „Edeltraud fährt immer noch selber Auto", sagte die eine, „mit einundneunzig!" Sie lächelten. „In Ihrem Alter haben wir noch zusammen den Harz durchwandert."

Als Edeltraud, diejenige mit dem weicheren, runderen Gesicht, sich nach dem Essen für einen Augenblick entschuldigte, beugte sich ihre Freundin ein Stück zu mir herüber: „Edeltraud hatte einen Sohn. Ihr Mann ist schon seit Jahren tot, und eines

Tages bekam sie einen Anruf vom Konsulat: Ihr Sohn war auf der Insel Mauritius tot umgefallen." Sie kam noch ein Stück näher. „Wäre ich nicht da, dann hätte sie niemanden, gar niemanden. Sie wollte schon Schlaftabletten nehmen. In den ersten Wochen bin ich jeden Vormittag und jeden Nachmittag zu ihr gegangen, dann habe ich den Pfarrer hingeschickt."

Als Edeltraud zurückkam, sich langsam zwischen den Tischen hindurchbalancierte, lächelte sie so freundlich wie vorher. Wir schwiegen und lächelten zurück. Die beiden kleideten sich an, halfen einander in die Mäntel; es dauerte eine kleine Ewigkeit. Ich blieb noch lange sitzen und schaute aus dem Fenster; der Dachdecker schleppte noch immer unermüdlich eine Rolle Dachpappe nach der anderen die Leiter hinauf; die alten Leute in den Straßen gaben der Stadt eine beruhigende Langsamkeit; das Leben schien eine Spur entspannter als anderswo.

Ich schlenderte durch das große Kaufhaus in der Stadtmitte; diese Kaufhäuser waren ein Stück vertrautes Terrain in jeder beliebigen mittelgroßen deutschen Stadt: Immer waren im obersten Stock die Kantine und die Abteilungen für Kaffeekannen und Bettwäsche mit Drachenmustern, im Erdgeschoss drängten sich die Wühltische voller Kulturbeutel und Haarshampoos, und irgendwo dazwischen gab es Herrenlederjacken mit Velourskragen. Viele dieser Kaufhäuser würden bald schließen, stand an dem Tag auf den Titelseiten der Zeitungen.

Abends sah ich mir ein Konzert im Goslarer Schloss an; mir fehlten zwei Euro Bargeld für den Eintritt, aber angesichts meines Aufzugs erbarmte sich die Frau hinter dem Tisch mit der Geldkassette und ließ mich zum Studententarif in den majestätischen Saal. Aus den raumhohen Fenstern konnte man die Stadt überblicken, an den Wänden reichten Gemälde von Rittern und Königen bis unter die gewölbte, mit feinen Mosaiken verzierte Decke. Es war schön, die Musiker mit ihren schwarzen Fracks und den rötlich schimmernden, glänzenden Instrumenten anzuschauen, sich von der Musik umgeben zu lassen; nach zweieinhalb Wochen Landstraßen, Scheunen und Waldwege jagten mir die schönen Seiten der Zivilisation wohlige Schauer den Rücken hinab.

Der Rektor der Musikhochschule beklagte in einer Rede die immer schlechteren Arbeitsbedingungen für Musiker; Festanstellungen würden allerorten in schlecht bezahlte freie Mitarbeit umgewandelt. Das kam mir bestens bekannt vor: Nach der Journalistenschule hatten drei von siebzehn Leuten eine Stelle bekommen; wir anderen hatten uns zusammengetan und seitdem eine überraschend gute Zeit als Freiberufler gehabt; aber nebenher auch noch Kinder großziehen? Mir gingen die Worte von Dominik, dem Bauernsohn aus Meinersen, durch den Kopf; Familie? – klar, aber ohne ein Mindestmaß an Sicherheit sieht das schlecht aus. Damit war alles gesagt.

Eine japanische Pianistin lenkte mich schnell von meinen Gedanken ab, sie spielte Beethoven und Mozart. Die Klänge von Piano und Orchester bewegten sich frei und klar durch den Raum. Nach ihr trat eine Deutsche auf, in einem ebenso hübschen, bodenlangen Kleid, die Haare aufwändig hoch gesteckt. Ich warf einen Blick ins Programm des Abends, 1984 geboren war sie, und füllte bereits Hallen.

Nach dem Konzert ging ich den Hügel hinab, zurück in die Altstadt, blieb noch lange auf einer kleinen Brücke stehen und schaute auf den hell plätschernden Bach, die Gose; er klang wie der Westerbach in Eschborn, an dem wir Abschied gefeiert hatten damals. Meine Mutter und meine Freunde und deren Eltern waren erst Eis essen gegangen, in der italienischen Eisdiele –eine der wichtigsten Anlaufstellen meiner Kindheit, wo die Kugel lange 30 Pfennig kostete und dann plötzlich, kurz bevor wir wegzogen, 60 Pfennig; schräg gegenüber von dem Kiosk, aus dem es ganz leicht nach diesen säuerlichen Weingummis roch, die man stückweise kaufen konnte, und nach Zigarren; wo ich mich immer zum Tresen hochreckte und dem Mann mit dem faltigen Gesicht meine Groschen reichte und dafür die neue „Micky Maus“ bekam. Wir hatten Eis gegessen an dem Tag, wie immer, nur dass es das letzte Mal war: Ralph und ich trugen beide ein Polohemd und blaue kurze Hosen, das wusste ich seltsamerweise noch; es war Spätsommer, und am Ende hatten wir uns dann heulend in den Armen gelegen. Irgendwo gab es noch Fotos von dem Tag.

15

Ich frühstückte mit Klaus, einem Büchereiangestellten aus Duisburg, der im Jugendherbergsbett unter mir geschlafen hatte, ich war nachts ins Zimmer gepoltert und hatte ihn geweckt, als ich beim Hinaufklettern das ganze Gestell zum Ächzen und Wanken brachte, aber er hatte sich einfach umgedreht und weitergeschlafen. Er war mit dem Fahrrad unterwegs von Tschechien nach Hause ins Ruhrgebiet. Um uns herum tobten die Horden von Schulkindern, vor denen in englischsprachigen Backpacker-Reiseführern immer gewarnt wird, wenn es um deutsche Jugendherbergen geht. Wir aßen Brötchen mit Nutella und Cornflakes. Klaus drückte mir zwei Äpfel in die Hand, die er unterwegs gepflückt hatte, dann ging ich los, den Harz zu erkunden.

Doch zuerst machte ich die Bekanntschaft von August Ambrosi. Er lebte in einem Haus, auf dessen Dach in roten zwischen schiefergrauen Ziegeln „Glück auf!" geschrieben stand, so groß, dass es vermutlich die Leute von der NASA auf ihren Satellitenbildern mühelos lesen konnten. Ich blieb vor seinem Gartenzaun stehen und starrte auf den Förderwagen mit der Aufschrift „Der letzte Hunt Erz", auf die Rehe, Störche und die Zwerge, die Hündchen, die Hexen und die Bergmänner aus Sperrholz, die sich in seinem Garten drängten; da kam er auch schon heraus.

Ohne den Umweg eines Grußes, ohne Einleitung überhäufte er mich mit einem Wortschwall; er schimpfte über das kommerzielle Bergbaumuseum am Stadtrand, über die Undankbarkeit der Gesellschaft, und schwärmte vom Stolz der Bergleute, den er als Letzter noch hochhalte. „Ich bin der Einzige, der den Gruß auf dem Dach stehen hat", rief er und drehte sich zum Haus und zeigte nach oben. „Heute sagt kein Bergmann mehr ‚Glück auf', das tut in der Seele weh." Ich hatte Mühe, ihn zu verstehen, er brüllte und nuschelte zugleich; dann sah ich hinter seinen Ohren goldfarbene Hörgeräte hervorblitzen.

In seinem Keller habe er ein eigenes Museum geschaffen, sagte er, da sei die wahre Geschichte, der wahre Glanz des Harz-Bergbaus zu besichtigen; aber davon wolle kaum noch jemand etwas wissen; die Touristen und die Schulklassen, die auf dem Weg ins große, ins offizielle Museum ein paar hundert Meter weiter unterwegs waren, sah er jeden Tag mit Abscheu an seinem Haus vorbeiziehen. Bei ihm gebe es die wahren, die echten Zeugnisse des alten Bergbaus zu besichtigen, „aber wer interessiert sich schon dafür."

Ich ließ mich nicht lang bitten. Die Wegplatten, über die wir zum Haus schritten, waren mit großen gelben Sternen bepinselt; für den Fall, dass mal jemand aus Hollywood vorbeikommen würde, „dass die sich gleich zu Hause fühlen. Man weiß ja nie."

Der Keller hatte eine niedrige Decke und war voll gepfropft mit Orden und Medaillen, gerahmten Fotos und Urkunden, mit Zinnfigürchen und Modellautos, Flaggen und Schärpen, Hämmern und Pickeln, und inmitten all dessen glotzte mich eine Pappmachéfigur in Bergmannsuniform an, die Krawatte bestickt mit Eisen und Schlägel, Werkzeug und Symbol der Bergleute.

„Meine Tracht!", rief August Ambrosi und deutete auf den Pappkameraden, „mein Stolz, meine Ehre, meine Würde." Dann zeigte er auf eine kleine Dampflok im Regal, in deren Schornstein eine halb abgebrannte Zigarre steckte. „Die letzte Zigarre von meinem Chef, dem Arschloch."

Während er wild in Aktenordnern und Fotoalben blätterte und immer wieder etwas von einem gewissen Fritz Bär murmelte – „der Fritz Bär", ein alter Verbündeter offenbar, „der muss doch hier irgendwo drauf sein" –, gelang es mir nur mühsam, ihm zu entlocken, woher der Hass auf seinen Chef rührte. Er zeigte ein unscharfes Foto von einer Runde Männer mit Krawatten, die um einen Tisch saßen: „Hier schlachten sie mich ab."

Eines Tages hatte er nach vielen Stunden unter Tage den Erzzug, den er lenkte, auf einen anderen Zug gefahren, niemand wurde verletzt, aber für seinen Vorgesetzten war das der willkommene Anlass, ihn zu degradieren; von da an musste er auf der „Galeere" schaffen, im Schacht den Erz von Hand losschlagen, und unter dem unerbittlichen Gedröhne und Getöse hatte er sein Gehör verloren. Er blätterte und blätterte; schwärmte von den großen Festen, von der Stimmung in der Zeit, als alles noch gut war, „aber wer interessiert sich schon", und schließlich klappte er das Album zu: „Das ist meine Welt gewesen, meine Träume, mein Stolz, mein Niedergang. Ich habe viel getan und alles verloren."

Den Besuch des Bergbaumuseums, den ich zunächst in Erwägung gezogen hatte, strich ich damit kurzerhand von der Tagesordnung. Beim Abschied sah ich die aktuelle Zeitung auf der Treppe liegen: „Gute Nachricht für Goslar", stand vorne, das Kaufhaus werde bleiben; die Filialen in Wolfenbüttel und Peine dagegen, hieß es darunter, würden „abgegeben".

Ich stieg hinauf in den Harz; folgte dem blau markierten Wanderweg Richtung Clausthal-Zellerfeld, der „einzigen Unistadt mit zwei Wintersemestern", wie mein Cousin mich gewarnt hatte. Der Weg führte immer steiler hinauf in den Sprühregen; ich hörte das Knirschen unter meinen Sohlen, ich war allein. Die Hänge wurden immer kühner, dicht an dicht drängten sich die Tannen, unzählige, von tiefem Grün, und der Wind, der sich im dichten Nadelwerk der Bäume brach, klang wie ein fernes Fauchen. Ich atmete tief, sog gierig die nasse, klare Waldluft ein und musste lächeln, als ich an die Landstraßen und die Rübenäcker dachte, die bisher meinen Weg geprägt hatten. Am Wegrand sah ich Fliegenpilze sprießen.

Bald war ich oben auf dem Höhenweg und spürte das Blut in jeder Fingerspitze pochen, ein kleines Schild kündete vom „Brockenblick“ bei gutem Wetter, ich ahnte irgendwo im Osten den 1142 Meter hohen Gipfel, sah hinunter ins Tal, wo Wolkenschwaden waberten wie über einem gigantischen Suppenkessel. Mein Weg führte mitten durch die Wolken. Die Bäume sogen die Feuchtigkeit aus den Schwaden, die der Wind hindurchjagte; sie wehten von rechts nach links über den Weg, über die kleinen Farne und vorwitzigen Jungbäumchen, verwirbelten und überschlugen sich. Die Tannen und ich, wir waren allein. Deutschland hatte anderes zu tun an diesem Tag.

An einem Hang, der steil ins Tal führte, setzte ich mich auf die Rückenlehne einer nassen Bank, zückte das Schweizer Messer und schälte einen der Äpfel, die mir Klaus, mein Zimmergenosse, am Morgen geschenkt hatte, und sah den Nebelfetzen zu, wie sie unten aus den Tälern aufstiegen.

Der ganze Tag verging so, ich begegnete einem einzigen Menschen, einem älteren Mann mit Hund, und fühlte mich keine Sekunde einsam; ich lauschte meinen Schritten und kostete jeden Atemzug aus und dachte an früher. Als Kind hatte ich es geliebt, im Taunus Laubberge zu durchwühlen oder Schneemänner zu bauen und am Heiligabend, bevor es dunkel wurde, ungeduldig durch den Schnee zu stapfen.

Gegen Abend kam ich in Clausthal an; sah Häuserfassaden, die fast alle aus rot oder grau gestrichenem Holz waren, ging über das menschenleere Gelände eines „Innovations- und Technologieparks“, und fand schließlich einen Supermarkt, um mich mit dem Dringendsten zu versorgen.

In der Kassenschlange standen zwei Jungs, Mitte zwanzig; einer von ihnen trug ein Langarmshirt von „Wacken 2005“, einem Rockfestival in der Nähe von Hamburg, der andere tief hängende Jeans. „Wo ist denn hier abends was los?“, fragte ich sie.

Sie schauten sich an. „Tja". Dann lachten sie.

Clausthal sei ganz wunderbar zum Studieren, erklärten sie, weil man kaum eine Chance habe, sich abzulenken, und empfahlen mir, ab zehn in die „Cafete" zu kommen, eine Kneipe, die tatsächlich so hieß, mitten auf dem Campus.

Ich fragte noch nach einem Platz für die Isomatte in ihrem Studentenwohnheim, „im Prinzip ja", sagte der eine, aber da müsse er erst seine Mitbewohner fragen, und die kämen erst sehr spät. „Schon in Ordnung", sagte ich.

Die Jugendherberge war ein Stück außerhalb, an einer Straße, die durch den Wald führte, und es tobten englische Schulkinder durch die Gänge. Ich bezog ein Bett in einem kleinen Zimmer mit drei Etagenbetten, es sah so aus, als würde ich es für mich allein haben. Ich wusch meine Wandersocken und Unterhosen und den von Sprühregen und Schweiß getränkten Fleecepulli im winzigen Waschbecken, wrang alles aus und hängte es zum Trocknen über die Heizung und die Bettgestelle. Als ich beim Duschen auf den Boden blickte, tröstete ich mich mit dem Gedanken, dass ein eventueller Fußpilz die nächsten Wochen in meinen Stiefeln kein leichtes Leben haben würde.

Auf der Suche nach etwas zu essen ging ich im Dunkeln zurück in die Stadt. Die Jugendherberge hatte mir nichts mehr zu bieten. Die englischen Schulklassen hatten bereits gegessen und die Küche war kalt; die Herbergsmutter, die ihrem Äußeren nach diesen Namen redlich verdiente, hatte mich nach längerem Grübeln zu einem Restaurant in einer benachbarten Siedlung geschickt, das aber hatte geschlossen. Ich war froh, eine kleine Taschenlampe bei mir zu haben; die Straße durch den Wald, zurück in die Stadt, war stockdunkel, und so konnte ich den entgegenkommenden Autofahrern zumindest ein schüchternes Zeichen geben, dass ich da war.

Ich kam auf ein riesiges Areal, das sich leicht hügelan ausbreitete, mit flachen Bauten in weitem Abstand; das war der Campus.

Neben einem der wenigen Gebäude, in denen noch Licht brannte, stand eine alte Erdölpumpe, es war gespenstisch ruhig. Eine junge Frau kam mir entgegen. Als ich stehen blieb, um sie anzusprechen, lief ihr Hund auf mich zu, sprang an mir hoch und verpasste mir einen feuchten Nasenstüber.

Wo man etwas zu essen bekomme, fragte ich; im schwachen Schein einer Laterne zeichneten sich die Konturen ihres Gesichts ab, es sah herb und blass aus. Sie lachte, spöttisch, fast vorwurfsvoll. „Du bist hier in Clausthal."

„Kann man hier eigentlich noch irgendetwas Anderes tun als studieren?"

„Na ja" – sie zeigte nach unten: „Man hat seinen Hund", hinter sich: „seine Arbeit", den Hügel hinab: „und sein Pferd. Und zum Studieren ist es wirklich wunderbar."

Sei riet mir, es bei „Uni-Döner" zu versuchen, „oder sonst vielleicht in der Stadt. Was man hier so Stadt nennt."

Der Campus erstreckte sich riesig weiter in Richtung Innenstadt, gespenstisch leer, nur ab und zu kam mir ein Grüppchen schweigender, asiatisch aussehender junger Leute entgegen. Warum geht man hier erst um zehn in die Cafete, fragte ich mich; in einer solchen Stadt gibt es doch nun wirklich keinen Grund, so spät mit dem Biertrinken anzufangen.

Uni-Döner war eine gemütliche Baracke; in einem kleinen Fernseher lief eine türkische Seifenoper, dazu spielte laute, orientalisch klingende Musik. Ich setzte mich an einen Tisch in der Ecke und bestellte den großen Döner-Teller.

Der Wirt hatte ein schmales Gesicht und ein schwarzes Ziegenbärtchen, rauchte lässig eine Zigarette nach der anderen und hatte einen starken kölnischen Akzent. Ob er schon lange in Clausthal lebe, fragte ich ihn. Er holte zwei Gläschen türkischen Tee und setzte sich zu mir.

„So was wie Clausthal hast du noch nicht gesehen, oder?" Er grinste gequält. Er hieß Ali und hatte die ersten fünfunddreißig

Jahre seines Lebens in Köln verbracht. Vor knapp einem Jahr hatte er den Dönerladen übernommen, den sein Vater mühsam hier aufgebaut hatte. „Das war schon hart am Anfang“, sagte er und nippte an seinem Teeglas. „Na ja, ist es eigentlich immer noch.“

Eine Zeitlang hatte es in Clausthal einen zweiten Dönerladen gegeben, ein paar Straßen weiter. Die ersten drei Monate war kein einziger Kunde gekommen, dann plötzlich erschien ein alter Mann und fragte den Wirt: „Was machst du hier?“ – „Ich verkaufe Döner“, antwortete er. „Hast du uns vorher gefragt? Es ist ja in Ordnung, was du machst, aber vorher fragen solltest du uns.“

„Der hat dann ziemlich schnell wieder dichtgemacht“, sagte Ali. „Als Fremder hast du's hier unglaublich schwer. Bei mir ging's, meinen Vater kannten sie ja schon.“

Er steckte sich eine Zigarette an und schaute hoch zum Fernseher; der Streit war immer noch im Gange, untermalt von der lauten Musik.

„Das Wasser und die Luft sind sehr gut im Harz“, sagte Ali. „Aber auf Dauer kriege ich Rheuma von dem Klima hier. Wirklich.“ In zehn Jahren spätestens wolle er weg, in die Türkei, zu seinen Freunden, den Fischern am Mittelmeer.

Bevor ich ging, stellte er mir noch seine Frau vor; ein jüngerer Mann war gerade dabei, Fleisch vom Dönerspieß zu säbeln. Er hatte kleine, gerötete Augen und sah traurig aus. „Das ist meine Cousin aus Frankfurt“, sagte Ali, „der ist erst seit einer Woche hier. Er hat richtige Depressionen.“

Ich ging durch die dunklen Straßen; Studenten kamen mir entgegen, alles Jungs, alle sahen nach Technik oder Informatik aus. Die einzige Unistadt mit zwei Wintersemestern, dachte ich.

In der Cafete war es voll und verraucht; Männerrunden saßen um schwere Holztische, und über dem Tresen hingen Wimpel und Fähnchen, es war wie in einem Fußballerheim; und das einzige weibliche Wesen war die blonde Bedienung mit dem bauchfreien Oberteil und der „Brasil"-Trainingsjacke darüber. Die beiden Jungs von der Supermarktkasse saßen in einer großen Runde; einer der beiden hatte mich entdeckt, winkte mich heran und schob mir einen Stuhl an den Tisch.

Die meisten Jungs in dieser Kneipe trugen keine Hornbrillen, T-Shirts mit Markenverballhornungen oder Trainingsjacken mit dem Wappen der eigenen Stadt; stattdessen sah man viele wild wuchernde Bärte, Pferdeschwänze und kurz geschorene Haare, dazu Flanellhemden, „Lonsdale"-T-Shirts und schwere Stiefel. Es war mir ganz recht, so fiel ich mit meinen dreckigen Wanderstiefeln kaum aus dem Rahmen, anders als in dem Café im Hamburger Schanzenviertel, in das ich am Morgen meiner Abreise noch auf ein portugiesisches Vanillecremetörtchen eingekehrt war.

Fabian, einer der beiden Jungs von der Supermarktkasse, war fünfundzwanzig, stammte aus Hannover, und war in Clausthal, um Chemie zu studieren. „Ich hatte einen Ort gesucht, der nicht zu weit weg ist von zu Hause", erklärte er, „an dem man sich aber andererseits aufs Studium konzentrieren kann." Mehr als neunzig Prozent der Studierenden seien Männer.

Die Frage, wie er damit umgehe, erübrigte sich; im Vorbeigehen drückte ihm die blonde Bedienung einen Kuss auf die Lippen. „Meine erste längere Beziehung", erklärte er, „wir haben uns auf Keilzeit kennen gelernt. Sie studiert auch Chemie."

„Keilzeit?", fragte ich und wischte mir den Bierschaum vom Mund.

„Erstsemesterfeiern", sagte er, „wenn du willst, kann ich dir morgen mal unser Verbindungshaus zeigen."

„Verbindung?"

„Hier ist fast jeder in einer Verbindung. Die guten Jobs werden alle über Vitamin B vergeben."

Ich traf ihn am nächsten Morgen wieder vor der historischen Holzkirche im Stadtzentrum, der Rucksack war schwerer als am

Vortag, weil die Wäsche mal wieder nicht getrocknet war über Nacht. Er führte mich zum Verbindungshaus.

„Es gibt fünfzehn oder sechzehn Verbindungen in Clausthal", erklärte er mir auf dem Weg, „aber die meisten davon sind keine Burschenschaften."

„Wo ist der Unterschied?"

In Burschenschaften, erklärte er, müsse man politisch aktiv sein, außerdem dürften nur Deutsche Mitglied werden; „das wollte ich dann doch nicht. Politisch fühle ich mich eher zur SPD hingezogen. Aber eine schlagende Verbindung sollte es schon sein; ein bisschen Nervenkitzel brauchte ich nach der Zeit als Fallschirmspringer beim Bund."

Er führte mich in den Fechtraum des Hauses, in der Mitte stand eine stilisierte Holzfigur, die an ein mannsgroßes Streichholz erinnerte. Fabian nahm einen Degen und führte ein paar Fechtbewegungen vor; als Trefferfläche, erklärte er, gelte nur die Oberseite des Schädels. So kämen eventuelle Narben erst dann zum Vorschein, wenn dem Träger die Haare ausgehen. „Außerdem ist immer ein Arzt dabei", erklärte er, „sobald Blut fließt, wird abgebrochen. Wenn man mit so etwas gar nicht klarkommt, muss man sich natürlich fragen, ob eine schlagende Verbindung das Richtige ist."

Er führte mich durchs Haus. Frauen seien durchaus gern gesehen, sagte er, dürften aber keine Mitglieder werden. Eine einzige Frauen-Verbindung gebe es in Clausthal, aber was das für Frauen seien, das könne man sich ja vorstellen.

Es gab ein paar Zimmer in dem Haus, in denen junge Mitglieder für knapp hundert Euro im Monat wohnen konnten, und ein Büro. Im Regal lag ein Buch mit dem Titel „Die Frau – Anschaffung, Haltung, Entsorgung". An der Pinnwand hing eine Liste mit von Personen, die Hausverbot hatten. „Die hier zum Beispiel", erklärte Fabian und zeigte auf drei Namen, „das sind alte Herren aus einer anderen Verbindung. Die haben eines Abends bei uns geklingelt, unseren Biervorrat leer gesoffen und dann den Flur voll gekotzt. Alles Familienväter, mitten im Berufsleben.“

Ich dankte ihm für die Führung, entschuldigte mich, dass ich allmählich aufbrechen müsse, verschwand noch kurz auf die Herrentoilette, und dort stand ich ungläubig vor einem gewaltigen Keramikbecken an der Wand; es war mehr als doppelt so groß wie die normalen Pissoirs daneben, und links und rechts davon waren Haltegriffe an die Wand geschraubt.

„Was ist denn das für ein Becken?“, fragte ich draußen.

„So eins haben alle Verbindungen hier“, erklärte Fabian, „du verstehst.“ Er grinste, und ich verstand. „Ist ziemlich oft in Benutzung.“

Die einzige Unistadt mit zwei Wintersemestern, dachte ich auf dem Weg zwischen Kuhweiden und Wald hindurch; meine eigene Studienzeit ging mir durch den Kopf, in Hamburg. Ich hatte manchmal überlegt, ob eine Kleinstadt nicht besser gewesen wäre, aber gegenüber Clausthal waren der „Philosophenturm“ in Hamburg und ein Frauenanteil von knapp neunzig Prozent nicht die schlechteste Wahl gewesen.

Am frühen Abend erreichte ich Osterode, ein schönes Fachwerkstädtchen, in den Gassen sah ich nach langer Zeit wieder junge Frauen, manche von ihnen mit Kinderwagen. Eine Mutter beugte sich gerade hinunter zu ihren Einkaufstaschen, da lief ihr kleiner Sohn von hinten auf sie zu und schlug ihr herzhaft auf den Hintern; sie fauchte ihn an: „Jetzt reicht mir das aber mit dir, Lukas“, der Junge aber lachte vergnügt, und ich musste mitgrinsen.

Der Harz lag hinter mir, von jetzt an wurde das Land wieder deutlich flacher, ich wollte noch weiterkommen an dem Tag und marschierte gut zehn Kilometer bis Herzberg; vor Einbruch der Dunkelheit musste ich da sein, weil der Weg mich wieder am linken Rand einer Landstraße entlangführte. Beim Blick auf die Landkarte fiel mir auf: Der Ortsname Osterode war rot eingerahmt, dazu ein roter Stern; Goslar hatte sogar zwei Sterne, Herzberg einen, aber keinen roten Kasten. Ich schaute in die Legende. Roter Kasten: „Malerisches Ortsbild“. Zwei Sterne: „Eine Reise wert.“ Ein Stern: „Lohnt einen Umweg.“

Ich stellte mir die Leute in diesen Kartenverlagen vor, wie sie am Computer saßen und abstimmten: Duderstadt, zwei Sterne, da kann man mal hinfahren. Malerisches Ortsbild? Na ja, Geschmackssache, aber gut – die haben schon genug Probleme, weil die ganzen jungen Leute weggehen; sollen sie wenigstens ein paar Touristen abbekommen.

Diese Kartenmacher hatten enorme wirtschaftliche Macht. Vielleicht gab es auch Korruption, vielleicht stand manchmal ein Bürgermeister aus einer dieser aussterbenden Gegenden mit einem Geldkoffer vor der Tür; vielleicht gab es auch Mitarbeiter darunter, die ein besonders gutes Herz hatten und spät abends, wenn alle anderen längst zu Hause waren, am Computer heimlich noch den einen oder anderen Stern einfügten, zum Beispiel: um den Osten zu retten.

Herzberg ist mit dem einen Stern schon gut bedient, dachte ich, als ich im Dunkeln durch den Ort irrte. Nach langem Suchen fand ich eine Pension, die ein Bett für mich hatte, nahm die Tagessuppe für einen Euro und schlief wie ein Stein. Am Morgen sah ich in der Fußgängerzone überall leer stehende Geschäfte, wie schon in Clausthal; immer wieder Aushänge wie „Ladengeschäft zu vermieten“ oder „In absehbarer Zeit günstig abzugeben“. Einen Moment blieb ich vor einem geräumten Geschäft stehen, über dessen Tür noch das Schild hing: „Coole Kids – Kinderbekleidung.“ Mit Nachwuchs war in der Gegend offenbar kein Geschäft mehr zu machen.

16

Es war der 1. Oktober, der Monat begrüßte mich mit strahlend blauem Himmel, und gegen Mittag erreichte ich die Grenze. Der Umweg durch ein Stück Thüringen, ein Stück entlang der alten innerdeutschen Grenze, war mir allemal die Mühe wert; außerdem hatte man mir von einem Pfadfindertreffen in einem Dorf namens Birkenfelde erzählt.

Ein Schild mit der Aufschrift „Landkreis Eichsfeld" war zunächst die einzige Spur, die ich entdeckte, dann die alten DDR-Laternen, die hohen, düsteren Masten, und schließlich eine „Friedenseiche", gepflanzt von den Landräten aus Eichsfeld, Osterode und Göttingen. Ich setzte mich einen Augenblick, es war sonnig und warm, in der Ferne sah ich den Brocken, um mich herum ein Tschilpen und Zirpen.

Vergeblich suchte ich nach Überresten der alten Grenzanlagen; beim Auslöschen von Erinnerungen sind die Deutschen von unschlagbarer Gründlichkeit, dachte ich. Auf Feldwegen ging ich kreuz und quer, auf der Suche nach dem alten Kolonnenweg entlang der Grenze, der in meiner Landkarte noch als Fahrweg eingezeichnet war. Nach einigem Vor und Zurück und Auf und Ab über die schönen Hügel schließlich fand ich sie, die mit eckigen Löchern durchsetzten Fahrwegplatten für die Panzerketten; sie waren so hoch mit Gras und Moos überwuchert, dass ich sie beinahe übersehen hätte. Eine Weile versuchte ich, ihnen zu folgen, aber nicht nur das kniehohe Gras war dabei hinderlich, die Grenze stieg auch rücksichtslos steil hügelan und –ab: natürlich, der Weg war nicht für empfindliche Wanderer gemacht worden. Als die Platten am Rand eines frisch gepflügten Ackers endeten, gab ich auf.

Ich folgte einem Feldweg zurück zur Landstraße im Tal auf der niedersächsischen Seite, die Strecke wurde dadurch deutlich länger. Ich kam vorbei an einer Tafel, auf der die Geschichte einer jungen Familie stand, die am Abend des 14. Dezembers 1971 versucht hatte, an dieser Stelle die Grenze gen Westen zu überqueren. Eine Mine war detoniert, das einjährige Kind blieb wie durch ein Wunder unversehrt, der Vater war an Gesicht und Augen getroffen, und die Mutter brach im Minenfeld zusammen. Ein westdeutscher Zöllner und sechs Bürger aus dem nächsten Dorf sahen sie dort liegen, kletterten über den Zaun und holten die Familie auf die westdeutsche Seite, alle überlebten, die Mutter aber verlor das rechte Bein und den linken Unterschenkel.

Eine Karte markierte den „Brochthäuser Weg", der nunmehr ungehindert als Rad- und Wanderweg genutzt werden konnte; die alte Grenze war ganz blass, zartrosa eingezeichnet, auf gelblichem Untergrund, auf den ersten Blick kaum zu sehen.

Am Nachmittag ging ich auf der niedersächsischen Seite, überquerte am Abend wieder entlang einer Bundesstraße die Grenze nach Thüringen, passierte das „Grenzlandmuseum Eichsfeld", wo die alten Panzersperren noch standen, die Beobachtungsbunker, in denen die Fußstreifen gelauert hatten, in einer vergitterten Garage stand ein olivgrüner Wartburg; auch in das alte Grenzerhäuschen mit dem klobigen Telefon auf dem Schreibtisch konnte man einen Blick werfen.

Auf der Suche nach einem Schlafplatz ließ ich mich von Plakaten, die für ein „Kirmesdisco-Fest mit Ballermannparty, Bierfass stemmen und Eimerwettsaufen" warben, in ein Tal abseits der Hauptstraße locken, drei Kilometer entlang einer Stichstraße; wenn es dort nichts geben würde, dachte ich, dann würde ich den Weg im Dunkeln zurückgehen müssen. Ein zarter Duft von Kohleofen stieg auf in der feuchten, kühlen Luft.

Ich hatte Glück: In dem Ort gab es ein grau verputztes Häuschen, „Gasthaus & Hotel zur Linde" stand draußen unter der Bierwerbung. „Nehmen Sie erst mal Platz", sagte die Frau am Tresen, „ich mache Ihnen ein Zimmer fertig."

Ich setzte mich zu dem einzigen Gast, einem Mann in schwarzer Lederjacke, der sich einsam an seinem Bierglas festhielt, und verschlang eine große Portion Bratkartoffeln mit Spiegelei. Wir spendierten einander eine Runde Korn; er hieß Herrmann, war Mitte fünfzig und sagte, er sei „beim größten Arbeitgeber überhaupt".

Ich schaute ihn erwartungsvoll an, sein Blick war glasig, er sprach langsam, dann verriet er es: „Arbeitsamt". Er lachte kurz auf und zuckte dabei zusammen, dann sank er wieder in den Stuhl.

Er war gelernter Bauingenieur und hatte drei Firmenpleiten mitgemacht, und nun glaubte er an nichts Gutes mehr. Am anderen Tisch hatten sich mittlerweile fünf stämmige Männer versammelt, vor ihnen standen Bierkrüge, sie schwiegen. Es war still in dem hohen, kühlen Raum.

Als ich erzählte, wo ich aufgebrochen war, zuckte Herrmann zusammen und ächzte. „Hamburg, uuaah, das ist doch die dreckigste Stadt überhaupt." Einmal hatten ihn seine Kumpels für ein Wochenende dorthin mitgenommen, und auf der Reeperbahn war ihm schlecht geworden vor lauter Chaos und Dreck. Er kniff die Augen zusammen und schüttelte sich.

„Ich muss jetzt nach Hause", murmelte er, hievte sich vom Stuhl, fasste sich in den Rücken und torkelte zum Ausgang; mit der Schulter rammte er gegen den Türrahmen und blieb stehen; ich hatte nicht bemerkt, dass er derart betrunken war. Eine ganze Weile stand er da und starrte hinaus, und die Männer am Nebentisch sagten noch immer nichts.

Die Kirmesdisco startete im großen Saal des Gasthauses; ich stellte mich mit einem Glas Bier in die Ecke und schaute zu, wie sich der Raum füllte: Mädchen mit weißen, spitzen Schuhen und

Strähnchen im Haar; die Jungs in kleinen Gruppen, Hände in den Hosentaschen, laut palavernd und demonstrativ fröhlich, die Unsicherheit überspielend. Der DJ legte „Zu spät“ von den Ärzten auf, das Stroboskop begann zu blitzen; ich spielte mit dem Gedanken, mich ins Getümmel zu stürzen, aber die Füße protestierten, und der Rücken war ein Brett; in dem Zustand war der Tisch, auf dem ich saß, gerade der richtige Ort.

Ein Mann mit Mikrofon trat auf die Bühne, er war klein, Mitte zwanzig, trug ein kariertes Hemd, in die Hose gesteckt, und hatte eine Stimme wie der Sänger der Puhdys. „Wir fangen an mit Bierfass stemmen“, röhrte er in die Menge.

Ein paar kräftige Jungs kamen nach vorne, einer von ihnen im ärmellosen Muskelshirt; nacheinander packten sie das Dreißigliterfass und wuchteten es hoch; der Moderator mit der Puhdysstimme zählte die Sekunden mit, die sie durchhielten, ehe das Fass auf den Linoleumboden polterte. Am Ende herrschte Gleichstand zwischen einem gewissen Lutz Engelmann und einem, den sie „Norbinator“ nannten, und beim entscheidenden Armdrücken gewann nach hartem Hin und Her, hart am Äderchenplatzen, Lutz Engelmann. Er durfte das Fass mit nach Hause schleppen.

Dann wurde die Miss Kirmes gewählt. Die Bewerberinnen mussten zu Charthits einzeln vortanzen, unter großem Jubel und Pfiffen weiße T-Shirts überstreifen und sich darin nass spritzen lassen, und schließlich ging es darum, wer als Erste eine Männerunterhose ergattern würde. Der Saal leerte sich zusehends bei alldem, vor allem die Älteren hatten offenbar noch anderes vor, und als mir gegen eins auffiel, dass ich fünf bis acht Jahre älter war als der Durchschnitt der noch Anwesenden, verschwand ich ins Bett.

17

Die Wirtin setzte sich beim Frühstück zu mir und erzählte von früher, als die Kneipen jeden Abend voll waren. Zu DDR-Zeiten mussten die Leute morgens nicht fahren, sondern wurden vom Werksbus abgeholt. „Da saßen se oft hier bis sechs Uhr morgens, und um sieben ging's los. Der Druck war einfach noch nicht so groß; diese ständige Angst, den Arbeitsplatz zu verlieren."

Sie war Ende fünfzig, trug ein weinrotes Samtoberteil und die Haare stürmisch gewellt. „Ich habe meine Kinder im Sozialismus großgezogen", sagte sie, während sie Kaffee nachfüllte, „und heute kann ich sagen: es gibt nichts Besseres. Man war füreinander da, und wir hatten damals auch alles, was man braucht."

Es waren die geselligen Abende, die ihr fehlten – die Stunden, in denen klar war: alle haben zur selben Zeit gearbeitet, und nun ist Feierabend; „das vermisse ich schon sehr. Heute hat mal der eine keine Zeit, mal der andere, man lebt sich auseinander."

Sie schaute nach draußen; über die Häuser hinweg sah man die dicht bewaldeten Hügel. „Nur dass sie damals die Grenze hier so abgeriegelt hatten, das war nicht so schön."

Draußen gingen drei Jungs vorbei, Mitte zwanzig; „da kommen die ersten Kirmesburschen", sagte sie, „die stellen nachher den Baum auf." Sie erzählte von den katholischen Traditionen, die das Dorf hochhielt; von kirchlichen Hochzeiten und vom Pfarrer, wie er jedes Haus segnete. Und anders als in vielen anderen ostdeutschen Gemeinden waren viele der jungen Leute noch da. „Wir haben Glück, weil wir direkt an die Grenze wohnen. Die meisten pendeln zum Arbeiten nach Göttingen."

Sie schaute auf mein Notizbuch, in dem ich mitschrieb;

„schreiben Sie mal auf", sagte sie, „Rechnungen werden nicht bezahlt."

„Was für Rechnungen?"

„Das ist unser größtes Problem überhaupt. Ganz viele Firmen, alte, traditionsreiche Betriebe haben Pleite gemacht, weil andere ihre Rechnungen nicht rechtzeitig zahlen."

Und dann das zweite Problem – „die Türken, nein nein, verstehen Sie mich jetzt nicht falsch, nichts gegen Türken; vielleicht sind eher wir Deutschen das Problem, wir machen uns alle einen Kopf, ob wir unsere Karriere auf die Reihe kriegen, und setzen vor lauter Angst keine Kinder mehr in die Welt. Wer weiß, vielleicht leben hier irgendwann mehr Türken als Deutsche."

Es war ein sonniger Tag; auf der Landstraße waren viele Autos mit Spoilern unterwegs, manche beängstigend tiefer gelegt, einige näherten sich mit bedrohlich wummernden Bässen, und alle schienen es normal zu finden, dass ich jedes Mal auf den schmalen Grasstreifen zwischen Graben und Straße springen musste.

Vor einem Baum machte ich halt. Ein Holzkreuz zeugte davon, dass ein Junge namens Marc am 6. Mai 2000 sein Leben an dieser Stelle verloren hatte: Am Stamm hing ein Gruppenfoto seiner Freunde, ausgeblichen, unterhalb davon war die Rinde abgeplatzt, und die Zweige waren ohne Blätter; auch der Baum hatte den Aufprall nicht überlebt.

Der Weg blieb ungemütlich; noch oft musste ich Autofahrern ausweichen, die keinen Zentimeter von ihrer Spur wichen, obwohl Platz genug war. Und bald kam ich an zwei weiteren Holzkreuzen vorbei, auf dem einen stand „Lutz", das andere trug keinen Namen.

Am Nachmittag machte ich Rast in Heiligenstadt. Ich setzte mich in ein Café in der Fußgängerzone, viele ältere Leute waren unterwegs und ein paar Familien. Eine Dame mit weißgrauen Locken und Hörgerät setzte sich zu mir an den Tisch. Sie deutete auf das große Stück Torte auf meinem Teller: „Schmeckt die auch so, wie sie aussieht?“

Sie fragte mich nach meinem Ziel – „Birkenfelde, wirklich? Da bin ich geboren.“ Sie sagte das mit deutlich hessischem Zungenschlag; tatsächlich, sie lebte in Offenbach bei Frankfurt und war glücklich dort, liebte den Humor und die Offenheit der Leute; in Heiligenstadt, nahe der alten Heimat, war sie nur zur Kur. Manchmal hatte sie überlegt, wieder herzuziehen, aber für alte Leute sei es sehr schwer geworden in der Gegend: Samstags fahre um halb zwei am Mittag der letzte Bus, und die Dörfer seien wie ausgestorben. „Früher waren die Leute den ganzen Tag auf dem Feld, man hat sich draußen getroffen und war eine Gemeinschaft. Heute sitzen alle vorm Fernseher.“

Sie bestellte sich ein großes Stück Torte. „Wenn mir in Offenbach die Decke auf den Kopf fällt“, sagte sie, „setze ich mich in die S-Bahn und bin in einer Viertelstunde auf der Zeil.“

Sie würde die ersten hundert Meter mitgehen Richtung Birkenfelde, sagte sie schließlich, und dann in den Kurpark abbiegen; aber ehe ich ihr in den Mantel half, bat sie mich um einen Augenblick Geduld: „Isch muss grad’ noch wohin.“ So schön konnten das nur Leute aus Hessen ausdrücken.

Den Dialekt der Heimat im Ohr, ging ich schnellen Schrittes an einem Flüsschen namens Leine entlang; noch drei Tage schätzungsweise, dann würde ich die hessische Grenze überqueren, und dann würde alles nur noch ein leichter Spaziergang sein, ein Taumel auf der Zielgeraden. Es war auch Zeit. Der Herbst war bedenklich nahe gerückt. Die Füße hielten zwar erstaunlich gut durch, bisher war es bei zwei Blasen geblieben; aber das dumpfe Ziehen war mein ständiger Begleiter geworden, wie das Hintergrundrauschen der Landstraßen: tagsüber verschwand es beinahe, aber abends, nach fünfundzwanzig, dreißig Kilometern, kehrte der Schmerz in die Muskeln und Sehnen zurück, und manchmal waren die Beine morgens schwer wie Blei – die einzigen Körperteile, die vom Schlaf kaum zu profitieren schienen. Manchmal zog ich morgens die Ärmel des Fleecepullovers über die Hände, so kalt war es. Zwar spürte ich jeden Tag ein bisschen mehr, wie sich der Körper ganz dem Fortkommen widmete – und sich vom Ballast verabschiedete: Die Beinmuskeln fühlten sich härter an als vor der Abreise, der Bauch flacher; aber die Kälte schmälerte den sportlichen Reiz des Streckemachens, des stumpfen Marschierens nur mit dem Ziel, Kilometer runterzureißen.

Es dämmerte, als ich mich Birkenfelde näherte, vom linken Rand einer Landstraße, die sich durch stilles Hügelland schlängelte; rechts neben mir bremste ein VW-Bus, darin saßen junge Leute in grauen Hemden und Halstüchern. Der Fahrer kurbelte das Fenster herunter, ich machte mich gerade bereit, ein gut gemeintes Angebot auszuschlagen, da preschte ein Mercedes zwischen uns auf die linke Spur, bremste, und der Mann am Steuer, ein älterer Herr mit dem gleichen Hemd und Halstuch, rief mir zu: „Willst du nach Birkenfelde?" Ich dankte beiden für so viel Nächstenliebe, erklärte, dass ich unter strengsten Regeln unterwegs sei; aber mit Sicherheit würden wir uns später wieder sehen.

Die Dämmerung senkte sich über die Hügel, ich war allein auf der Straße und spürte, wie die Stiefel auf den Asphalt stampften, atmete in schnellen Zügen die immer kühlere, feuchtere Luft, sah zu, wie sich das Tageslicht und die Wolken in immer tieferem Rot auflösten, und war glücklich.

Kurz bevor sich die Dunkelheit über alles legte, erreichte ich Birkenfelde. Die Pfadfinder drängten sich im Innenhof eines alten Bauernhofes; viele waren darunter, die noch Zahnspangen trugen, andere aber schienen so alt wie ich oder älter; auch den grauhaarigen Mann, der mich in seinem Mercedes hatte mitnehmen wollen, sah ich wieder im Gewühl. Alle trugen die gleichen grauen Hemden, und viele hatten dazu kurze Lederhosen an, obwohl es mit jeder Minute kälter wurde.

Dort traf ich Thorsten, Mitte zwanzig, den obersten Pfadfinder, den „Bundesführer", auch er in schwarzer Lederhose, dazu Wanderstiefel. Er führte mich durch den Hof über die matschige Wiese, auf der die schwarzen Sammelzelte aufgeschlagen waren; „Sippen" und „Stämme" aus ganz Deutschland waren angereist, rund 350 Teilnehmer. „Es wird immer schwieriger, die Leute zusammenzuhalten", sagte Thorsten, „unser großes Problem ist die Mobilität. Viele gehen schon als Schüler ein Jahr ins Ausland, nach dem Abschluss wechseln sie die Stadt, da brechen viele Gruppen auseinander. Eigentlich ist die Gemeinschaft bei den Pfadfindern ja als Lebensbund gedacht."

Die graue Kluft solle alle sozialen Unterschiede verschwinden lassen, erklärte er, nur der Mensch solle zählen. „Natürlich laufen wir zu Hause nicht so rum. Und ich trinke sonst auch gerne mal ein Glas Wein." Während des Treffens waren Alkohol und Zigaretten streng verboten.

Wir stiegen über ein Rinnsal im schmalen Betonbett, aus dem ein Hauch von Kloake heraufwehte; das Dorf hatte noch nicht komplett auf unterirdische Abwasserentsorgung umgestellt.

„Natürlich geht es bei uns nicht nur darum, von schmutzigen Tellern zu essen", erklärte er. „Aber es ist viel einfacher, Menschen an Gott heranzuführen, wenn man auf das Gottgegebene angewiesen ist. Und bei den Pfadfindern werden viele Talente geweckt. Eine sehr große Rolle spielt bei uns die Musik, das wirst du nachher beim Singewettstreit sehen."

Er selbst war erst bei den Pfadfindern zum Glauben gekommen. Bis zum Vordiplom hatte er Betriebswirtschaft studiert, aber diese einseitige Art, auf die Welt zu schauen, hatte ihn immer mehr gestört; „da wird einfach viel zu wenig hinterfragt." Deshalb hat er auf Theologie umgesattelt.

Über den Innenhof war eine schwarze Plane gespannt, an den Wänden loderten Fackeln, und ein Junge um die zwanzig, mit buschigem schwarzem Zopf, stieg auf einen Treppenabsatz und eröffnete, kraft seines Amtes als Mitglied der Jury, den Singewettstreit. „Ich bin also Steffen“, sagte er, „ich vertrete den Gau Burgund, und wir singen jetzt alle zusammen: ‚Wie hell die gold’ne Sonne lacht‘.“ Dann ging es los, die Wandergitarren machten „schrummschrumm“, ein Chor zunächst zaghafter, dann immer entschlossenerer Stimmen hob an, und nach dem Einstimmen kam die erste Gruppe, der Speerkreis des Gaus Holsatia, mit dem Stück „Wir kamen von Norden und zogen nach Süden“: ein Junge zählte bis vier, und dann schepperte eine Gitarre los, erbärmlich schief – „stop!“ rief Thorsten aus der Menge, „könntet ihr bitte erst stimmen?“

So ging es weiter, mit Liedern von fliegenden Kühen, Walfischjagden und wilden Ritten durch Butterblumenfelder, auch ein Text in Rotwelsch war dabei, dem Jargon der Gaunerwelt. „Es handelt von einer wilden Feier“, erklärte einer der Sänger, „so wie das nachher hier vielleicht auch noch weitergeht.“

Als Letzte traten fünf Jungs aus Schwaben auf, sie sangen a cappella, von deutschen Reitern in Südwestafrika, und als sie fertig waren, donnerte Applaus los.

Nach der Siegerehrung gab es Essen. Jeder nahm sich seinen mitgebrachten Teller und das Besteck, und alle drängten sich um die großen, zerbeulten Nudeltöpfe. Ich aß, alleine, von einem geliehenen Teller, und plötzlich stand er vor mir. „Was machst du denn hier?“

Es war Ralf, der Jesus-Freak aus meinem Abiturjahrgang; ich hätte wissen müssen, dass ich ihn hier treffe – er war damals schon der Oberpfadfinder: Wir hatten eine Weile zusammen Musik gemacht, und er hatte sich geweigert, Stücke von Bad Religion zu spielen, und war immer wieder mit seinem Lagerfeuerliederbuch angekommen. Den Spießern in der Klasse war er mit seiner langhaarigen Gläubigkeit suspekt gewesen, seine Freunde hatten manchmal freundlich über ihn gelächelt. Das Letzte, was ich von ihm gehört hatte, war, dass er nach Göttingen gegangen war, um Theologie zu studieren.

Er strahlte, wie er immer gestrahlt hatte, nur die Haare waren kürzer. Auch er trug eine kurze Lederhose. Wir setzten uns ans Feuer.

Es knisterte und knackte, schnell ergriffen die Flammen das trockene Holz und züngelten immer entschlossener daran hinauf; Gesicht und Brust uns glühten fast. „Diese Treffen hier", sagte Ralf, „das ist für mich eine Art Nachhausekommen, hier sind Leute mit ähnlichem Humor, mit ähnlichen Ansichten."

„Was ist mit dem deutschen Reiter in Südwest?"

Er zuckte mit den Schultern. „Die wollten wahrscheinlich ein bisschen provozieren." Ihm war bewusst, dass die Pfadfinder von außen oft misstrauisch beäugt werden, dass manche in ihnen einen versprengten Rest der Hitlerjugend sehen; dabei hätten die Nazis das Prinzip der Wandervögel und der bündischen Jugend missbraucht, die es längst davor gegeben hatte, erklärte er; und die christlichen Pfadfinder seien sogar 1937 von den Nazis verboten worden, als „staatsfeindliche Geheimorganisation".

Um ein Haar wäre er an diesem Abend zu Hause geblieben, er hatte gerade an seiner Abschlussarbeit gesessen, musste eine Predigt schreiben und eine Seelsorgearbeit, aber irgendwann hatte er es nicht mehr ausgehalten, war ins Auto gestiegen und nach Birkenfelde gefahren.

Nach dem Studium wollte er als Pfarrer arbeiten, in Norddeutschland, „zurück ins Land zwischen den Meeren. Das finde ich schon cool. Aber leider geht es der nordelbischen Kirche sehr schlecht." Er hatte es aufgegeben, allzu feste Pläne zu schmieden, seit sich vor einem Jahr seine Freundin von ihm getrennt hatte: Sie hatten sich im Bibelkreis kennen gelernt und dachten ans Heiraten, und dann verließ sie ihn von heute auf morgen. „Ich dachte, sie wäre die Frau, die von Gott für mich bestimmt war." Er schaute ins knisternde Feuer. „Nach der Trennung habe ich dann erkannt: Das ist alles weniger planbar, als ich dachte."

Ob ich mitkommen wolle, zum Aufnahmeritual für eine

Kreuzpfadfinderin, fragte er mich. Wir schlossen uns einer Gruppe von drei Dutzend Leuten an und brachen auf zu einer Wiese am Waldrand; gingen schweigend mit Fackeln durchs Dorf, einer mit der großen Fahne voraus. Immer wieder sah man erschrockene Blicke in den Fenstern, halb versteckt hinter Gardinen. Alle schwiegen, der Mond lugte über die Baumkronen, ganz nah hörte man einen Bach rauschen, und unter den Schuhen raschelte knöchelhohes, feuchtes Gras. Auf der Wiese bildeten wir einen großen Kreis, die Fackeln spendeten flackerndes Licht, über uns blinkten die Sterne in der eisigen Luft.

Alle zogen ihre Jacken aus und sangen ein Lied von „Brüdern, grau und gleich", jemand erzählte aus Mareikes Vergangenheit und von ihrem Engagement für die Pfadfinder und die Musik, und dass sie seit einer Lagerfahrt den Spitznamen Miss Dixi trug. Dann hob sie ihre Hand zum Gelöbnis, und ein Älterer erklärte sie zur Kreuzpfadfinderin. Alle fassten sich an den Händen und riefen: „Allzeit bereit!"

Ich saß noch eine Weile am Feuer im Innenhof. Ralf war zurück nach Göttingen gefahren, um sich an seine Predigt zu setzen; ich hörte die Lieder, die immer leiser wurden, sie waren alle im Moll, und als eine kleine Gruppe gegen halb zwei begann, Textzeilen zu singen wie „und in das Feuer, das verraucht, wirf dich als letzten Scheit", stand ich auf und ging schlafen. Mein Gepäck stand in einem der Lagerräume; ich rollte die Isomatte auf dem staubigen Holzboden aus, zog den Schlafsack ganz eng zu und spürte dort, wo meine Hände und Knie sich gegen den Stoff drückten, von außen die Kälte.

Wenige Stunden später weckte mich das Geräusch eines Besens, der über den Holzboden fegte und schrubbte. Meine Nase, die unter der Kapuze des Schlafsacks hinausragte, war eisig; ich schälte mich heraus und humpelte los, auf die Suche nach etwas Heißem zu trinken.

Es war der 3. Oktober, Erntedanktag, und während einige schon ihre Sachen packten und abfuhren, machte Thorsten sich bereit für seinen Gottesdienst.

Es gab zunächst wieder ein paar Lieder, dann holte Thomas die „Zeit“ hervor und begann zu lesen: „Hungerkrise in Darfur“ – Deutschland zahle nur einen winzigen Teil dessen, was es einst versprochen hatte, an Entwicklungshilfe; und dann zog er einen Werbeprospekt aus der Zeitung: „Geiz ist geil.“ „Was ist eigentlich geizig daran, 2999 Euro für einen Plasmafernseher zu bezahlen?“ Seine Stimme wurde lauter, alle müden Augen waren auf ihn gerichtet. „Ich habe Angst davor, dass Geiz ist geil die Maxime für unser Handeln wird.“

Er las aus der Bibel vor: Gott liebt den, der fröhlich und bereitwillig gibt. Er reichte ein Tablett mit gewürfeltem Schwarzbrot herum, auch ich nahm ein Stück und kaute es, langsam, bis sich die Süße entfaltete. „Es lohnt sich, dankbar zu sein für das, was wir im Supermarkt bekommen“, sagte Thorsten, „und den Bauern zu danken, die diese harte Arbeit auf sich nehmen“; ich dachte an Bauer Schrader, der den Wettlauf ums immer größere Land, den immer größeren Ertrag aufgegeben hatte. Ich hatte nie einer Kirche angehört, meine Eltern hatten mir die Entscheidung selbst überlassen wollen, und als Teenager hat man anderes zu tun, als sich freiwillig zur Taufe zu melden, aber mir gefiel, was Thorsten sagte – von der Freude, in einen Apfel zu beißen, der nicht in Neuseeland gewachsen ist, sondern in der eigenen Region, von der Würdigung der Schöpfung –, und als wir uns verabschiedeten, fragte ich ihn: Meinst du, dass die Jüngeren hier die Geiz-Botschaft verinnerlicht haben?“ Er antwortete, ohne eine Sekunde zu zögern. „Ich glaube nicht.“

18

Auf dem sonnigen Weg nach Göttingen begegnete ich einer Feiergemeinschaft am Straßenrand; eine Hand voll älterer Männer saß auf dem Anhänger eines halb im Graben stehenden Traktors, in der Mitte reichlich Flaschen auf dem Tisch. „He du!", rief mir einer zu, „willst du ein Wurstbrot?"

Ich ließ mich nicht lang bitten, hievte mich auf den Wagen und setzte mich dazu; unter großem Hallo bekam ich ein Bier herübergeschoben, auf den Nordhäuser Doppelkorn verzichtete ich dankend, mit Rücksicht auf die Strecke, die ich noch vor mir hatte. „Wir feiern den Tag der Deutschen Einheit", erklärte einer. Ich war in die Seniorengruppe der Freiwilligen Feuerwehr Bremke geraten, eines Dorfes drüben in Niedersachsen. Ich nahm reichlich Mettwurst und Blutwurst, es sei genug da, alles hausgemacht, sagte Reiner, der Mann neben mir. Er war der Jüngste in der Runde; die Seniorengruppe, erklärte er, habe man gegründet, damit die Leute ab zweiundsechzig nicht einfach ausgeschlossen würden aus der Feuerwehr, von dem Alter an durfte man nämlich nicht mehr zum Löschen eingesetzt werden, und man könnte doch nicht massenhaft Mitglieder aufs Abstellgleis schieben, von tausend Einwohnern seien nämlich zweihundertvierzig in der Feuerwehr.

Plötzlich setzte sich der Traktor mit einem Ruck in Bewegung; zerrte den Anhänger zurück auf die Straße, Flaschen und Schnapsgläschen purzelten umher, Bier ergoss sich über Reiners Hose, und einen Moment lang schoss mir mein Vorsatz durch den Kopf, mich auf keinen Fall mitnehmen zu lassen, aber da die Straße ohnehin Richtung Norden führte, zurück also, und ich meine Gastgeber nicht brüskieren wollte, ließ ich mich einen knappen Kilometer mitnehmen bis zur Einmündung eines Waldwegs; die Gruppe wollte die nächste Kneipe ansteuern – „wir sind ja hier im Osten eigentlich nicht so gern gesehen“, erklärte Reiner, „aber wenn wir unser Geld dalassen, dann haben sie uns doch ganz gern.“

Sie verabschiedeten mich mit Anfeuerungsrufen, ich drehte mich noch einmal um und winkte, die mobile Einheitsfeier zog knatternd weiter, und ich ging durch friedvollen Wald, überquerte die unsichtbare Grenze und war wieder in Niedersachsen. In den Bäumen auf den Hügeln leuchteten die ersten roten Blätter, aber die Spätsommersonne loderte noch einmal auf an diesem Tag; ein feiner Wind strich mir übers Gesicht.

In Göttingen schlief ich zwei Nächte bei Marie, einer früheren Mitbewohnerin aus Hamburg, es war wieder eine dieser Etappen, dieser Inselstopps, auf denen ich ein bisschen geregeltes, vertrautes Leben atmen konnte, ehe es weiterging durchs unbekannte Land. Wir kochten abends zusammen in der WG-Küche und lachten viel und tranken Wein, und ehe ich mich am zweiten Morgen aufmachte, um endlich in Hessen anzukommen, ging ich in die Altstadt und traf Holger, den Ehrenvorsitzenden der Jungen Union Südniedersachen. Er führte mich ein bisschen durch die hübsche Stadt, ich lernte, dass Göttingen europaweit den einzigen Ratssaal mit Fußbodenheizung hat; wir setzten uns in ein Straßencafé, bestellten Cappuccino, die Sonne schien, gut aussehende junge Menschen flanierten durch die Fußgängerzone, und ich fühlte mich gut aufgehoben und spürte wenig Drang, schnell zum Weitermarsch durch Feld, Wald und Wiese aufzubrechen. „Was wir hier gerade machen“, sagte Holger und schüttete ein Tütchen Zucker in seinen Kaffee, „das ist für mich Göttingen. Du hast hier ein Flair, als wärst du im Urlaub, kannst jeden Abend der Woche was unternehmen, und die Stadt liegt mitten in Deutschland, ICE-Standort, du bist in vier Stunden an der Nordsee und genauso schnell in Garmisch-Partenkirchen. Was will man mehr?!“

Er war Mitte dreißig, hatte ein rundes Gesicht und trug einen braunen Anzug. Seit seiner Ausbildung arbeitete er bei der Sparkasse, der „Spardose“, wie er sagte; der Lebenslauf auf seiner Internetseite kündete von Hobbys wie Bierdeckel- und Briefmarkensammeln, und er war gleichzeitig Mitglied im WWF und im Volksbund Deutsche Kriegsgräberfürsorge.

„Göttingen ist, streng genommen, eine künstliche Welt“, sagte er, „wenn du ins Umland fährst, nach Northeim oder Bad Sachsa, da denkst du, du bist im Altenheim.“ Und auch in Göttingen sei die Lage nicht so, wie sie aussieht – die Stadt habe mehr als elf Prozent Arbeitslose, die meisten jungen Leute, die man sieht, seien Studenten, und die kommen nur für die Zeit an der Uni und verschwinden danach wieder, ohne ihren Wohnsitz hier anzumelden und Steuern zu zahlen. Auch für die Politik fehle zusehends der Nachwuchs, sogar die Linksradikalen, seine Lieblingsfeinde, waren auf ein versprengtes Grüppchen zusammengeschrumpft.

„Es wurde verschlafen, hier nach der Wende Industrie anzusiedeln“, sagte Holger, „die Stadtverwaltung hat sich viel zu lange auf Universität und Dienstleistungen konzentriert.“

Was man tun könne, um junges Leben in die Region zu bringen, fragte ich ihn. Er zuckte mit den Schultern. „Ich weiß kein Allheilmittel. Ich kann Kindertagesstätten bis zum Erbrechen bauen, das hat ja nicht unbedingt zur Folge, dass die Leute mehr Kinder in die Welt setzen. Wir haben eine Gesellschaft, die nicht kinderfreundlich ist, wir bräuchten ein gesamtgesellschaftliches Umdenken, aber wo das herkommen soll, weiß ich auch nicht.“

An der Statue vom Gänseliesl, dem Wahrzeichen Göttingens, saßen ein paar italienisch aussehende Jungs mit dunklen Brillen und gegelten Locken in der Sonne und schauten den Frauen hinterher. Ich drehte mich noch einmal um, verabschiedete mich von der Studentenstadt und ging.

Auf dem Weg durch Göttingens Vororte kam ich an einer Halle vorbei, vor der ein Laster parkte; schon von weitem hörte ich panisches Grunzen und Quieken, manchmal klang es fast wie ein Schreien. Der Laster stand mit der Rückseite zu der Halle und war links und rechts mit Holzplanken verkleidet; ab und zu ragte durch eine der Lücken eine Schweineschnauze, ein Ohr oder ein geringelter Schwanz. Ein Mann im blauen Kittel stieg auf die Ladefläche und trieb die Tiere heraus; nacheinander trappelten sie unter herzzerreißendem Fiepen und Quieken über eine Rampe in die Halle.

Lange folgte ich der Straße eine leichte Steigung hinauf. Irgendwann stand ich auf einer Brücke, die über Bahnschienen führte, gut und gerne dreißig, vierzig Meter hoch – unter mir eine von Deutschlands Hauptschlagadern, gerade einmal ein paar Meter breit, links und rechts steile Böschungen: sie hatten der Bahn eine Schneise gesprengt und Löcher durch die Hügel gebohrt. Die wie mit dem Lineal gezogenen Stahlschienen glänzten in der Sonne, und da kam, von Süden her, plötzlich ein weißer Zug aus dem Tunnel hervorgeschossen und fuhr pfeifend unter mir hindurch, Richtung Norden, Richtung Hamburg. Die Menschen darin, dachte ich, sitzen in einer Kapsel mit eigener Zeitrechnung; für sie ist eine Stunde knapp ein Drittel der Fahrt zwischen Hamburg und Frankfurt, für mich dagegen ist eine Stunde die Zeit zwischen zwei unbekannten Dörfern. Ich schaute dem Zug nach, der sich winzig in die Kurve nach Göttingen legte, wie damals meine Modellbahn; ein Stück weiter östlich, da unten zogen die Spielzeuglaster auf der A 7 in engen Kolonnen vorbei, Deutschland war unterwegs. Wie oft schon war ich unter genau dieser Brücke durchgerast, in die zurückgeneigte Lehne geflätzt, dösend oder Zeitung lesend, ohne diese Brücke je wahrzunehmen – vielleicht hatte mal jemand genau so wie ich jetzt da gestanden und dem winzigen Zug nachgeschaut.

Wo ich wohl heute schlafen würde?

Die Luft war lau, es dürfte ein schöner Frühherbstabend werden; vielleicht war ja jemand so freundlich gewesen und hatte irgendwo am Rand eines Waldwegs eine dieser Schutzhütten gezimmert, wie ich sie im Harz gesehen hatte. Dort war es kalt und feucht gewesen, heute aber war ein guter Tag zum Draußenschlafen.

Auf einem alten Hof, auf dem junge Männer in Malerhosen am Hämmern und Pinseln waren, fragte ich nach Wasser. Einer von ihnen holte die Hausherrin, eine Frau Mitte vierzig, mit Perlenohrringen und Reitstiefeln; sie entschuldigte sich, dass es nur Leitungswasser gebe, das aber sei von vorzüglicher Qualität; in der Umgebung dagegen sei es überall schrecklich mit Nitrat verseucht.

„Nach Hessen wollen Sie, na ja, da habe ich nicht so den Draht zu. Wissen Sie, gerade Nordhessen war ja mal eine der ärmsten Regionen Deutschlands." Hamburg dagegen: „Ach, wundervoll, die Stadt hat Berlin doch kulturell längst den Rang abgelaufen. Und dann das Meer ..."

Ich bedankte mich für das Wasser und ging den Weg, den sie mir beschrieben hatte, immer am Weidezaun entlang, und dann quer übers Feld. Die Sonne durchglühte samtig rot die Nebelschleier über den Hügeln; ich ging tiefer hinab in die Talsenke, kam durch kühlen Wald, vorbei an einer steilen Almwiese, Kühe schauten auf mich herab, und als ich vom Waldrand hinab auf das Städtchen namens Scheden blickte, brannten schon die Straßenlaternen. Es war noch mild, und es wäre ein Jammer gewesen, diese Nacht in einem stickigen „Fremdenzimmer" zu verbringen; die ersten Sterne begannen schon zu glitzern; ich fand eine Holzbank am Rand des Waldes, mit Blick über das abschüssige Feld auf den Ort, unter einem ausladenden Baum, dessen Einladung, mein Nachtlager aufzuschlagen, ich nicht widerstehen konnte. Ich rollte meine Isomatte auf der Bank aus, sie war viel breiter als die Sitzfläche, bloß nicht herumwälzen im Schlaf; schälte ein paar von den Äpfeln, die ich auf dem Weg gepflückt hatte, schlüpfte in den Schlafsack, und das Letzte, was meine müde blinzelnden Augen sahen, waren die immer heller funkelnden Sterne; ab und zu streifte mich das Scheinwerferlicht eines Lasters, der unten an der Abzweigung auf die Landstraße bog.

Ein Schnauben weckte mich mitten in der Nacht, schwere Schritte, dann wieder das Schnauben – ich wagte nicht, die Kapuze des Schlafsacks vom Kopf zu streifen und mich aufzurichten: womöglich war das ein Spaziergänger, der seinen Hund ausführte und sich immer wieder die Nase schnäuzte, aber mitten in der Nacht, das war seltsam.

Ob er seinen Hund angeleint hatte?

Aus den schweren Schritten wurde Getrampel, es kam näher und näher, jetzt musste es ganz nah sein. Ich fuhr hoch und streifte mir die Kapuze des Schlafsacks vom Kopf und sah Pferde. Sie hatten mich entdeckt und standen wie erstarrt und schauten mich an. Ich starrte zurück.

Da kam eines auf mich zu. Ich schaltete die Taschenlampe an, und in dem Moment zuckten sie zusammen und galoppierten davon.

Eine Weile hörte ich nichts mehr und schlief wieder ein, steif auf dem Rücken: jede Bewegung auf der schmalen Bank hätte mich auf den Boden purzeln lassen. Dann wurde ich wieder geweckt, von einem Prasseln in den Blättern über mir, ein, zwei Sekunden, dann war das Prasseln auch auf dem Boden und auf dem Schlafsack.

Ich zerrte die Regenjacke aus dem Rucksack und stülpte ihm sein Regencape über, schob ihn unter die Bank und kauerte mich unter die Jacke, mit angezogenen Beinen im Schlafsack, der längst durchnässt war. Die Stiefel!, dachte ich, griff unter mich und legte sie auf die Seite, damit sie nicht noch bis zum Rand voll laufen würden.

Der Regen wurde noch stärker, es war schwarze Nacht, und plötzlich schoss ein gleißender Blitz über den Himmel, dann der Donner, und noch einer und noch einer. Ich sprang in die Stiefel, rollte den nassen Schlafsack und die Isomatte zusammen und stapfte unter immer neuen grellen Blitzen in den Ort, an der nassen Straße entlang, im Licht der Laternen, Lastwagen rauschten an mir vorbei durch die Pfützen. Ich stellte mich unter eine Straßenbrücke und wartete, dass das Gewitter vorbeiziehen würde; es war halb sechs, meine Hände waren eisig und klamm, und als die Blitze nachließen, ging ich ein Stück weiter und setzte mich auf die Lehne einer Bank, leidlich von einem Baum geschützt, fror in der gewittrig milden Luft und wartete, dass die Bäckerei gegenüber öffnen würde. Nach und nach kamen Leute mit ihren Hunden aus den Häusern, und um sechs war es so weit: ich konnte hinein, die Bäckerei war gleichzeitig ein kleiner Dorfladen, und da stand ich triefend an einem Stehtischchen im Neonlicht, beengt zwischen Regalen voller Bonbons und Klopapier und Backpulver, und wärmte mich an einem Becher Kaffee nach dem anderen, mit beiden Händen umklammert, ein feiner Luftzug kühlte die nassen Beine; und so wartete ich auf den Sonnenaufgang.

Die Verkäuferinnen waren damit beschäftigt, die ankommenden Brötchen und Kuchenstücke in die Theke zu räumen, ich blätterte in der Mündener Allgemeinen: „Feuerwehr befreit Wanderer", lautete eine Überschrift; eine Familie aus Eschwege war zu einer Tour auf den Heldrastein aufgebrochen und auf dem Rückweg vom Pfad abgekommen, stand irgendwann am Ufer der Werra, vor einem zehn Meter hohen Felsen, der ihnen den Abstieg versperrte; der Vater rief per Handy nach Hilfe, und schließlich gelang es der Höhenrettung der Witzenhäuser Wehr, die Familie zu bergen.

„Einsamer Wanderer im Schlaf von Blitz getroffen" hätte da auch stehen können, dachte ich; zahlte meinen Kaffee und ging.

Ich folgte dem Studentenpfad, einem Wanderweg zwischen Göttingen und Gießen, und ganz allmählich trockneten die Hosenbeine, und Wärme kehrte in meine Glieder zurück. Dicht umwuchert und bemoost stand ein altes Andreaskreuz mitten im Wald. Hier war mal eine Bahn gefahren, aber der Wald hatte sich das Terrain zurückerobert.

Beim Gehen konzentrierte ich mich auf meine Gedanken, mir fiel auf, dass da wenig los war. Vielleicht ein Erbe unserer Jäger-und-Sammler-Vorfahren, dachte ich, die wanderten nicht zum Spaß durch die Lande, sondern hatten Wichtiges zu tun und taten gut daran, sich auf den Weg und auf die Büsche links und rechts zu konzentrieren.

Bald erreichte ich Hannoversch Münden, eine schöne Stadt im Tal, in dem Fulda und Werra sich zur Weser vereinen; ich blickte von einer gemauerten Brüstung aus hinunter, auf die Fachwerkhäuschen mit ihren spitzen Dächern, eingesunken in die bewaldeten Hügel; las die Zeilen des Weserliedes auf einer geschmiedeten Tafel – „wie liebender Sang aus geliebtem Mund, so flüstert es rings durch die Bäume, und aus des Tales off'nem Grund begrüßten mich nickende Träume".

Ich ging quer durch die Stadt, wollte über die Grenze, endlich; überquerte ein Wehr und ging wieder bergauf, einen schmalen Waldweg, bog ab auf einen Trampelpfad, der immer steiler hinaufführte, über den weichen Waldboden; ein paar versprengte Baumwurzeln gaben mir Halt, und als ich atemlos oben ankam, stand er vor mir: der Grenzstein.

Ein kniehohes, verwittertes und vermoostes Ding; das Kürzel KH war schief hineingemeißelt, direkt dahinter, auf der Grenze offenbar, verlief ein Weg, und da stand ein Gasthaus. Ich blieb einen Moment stehen, ging dann auf den Stein zu und legte die Hand darauf – er war kalt und rau –, und dann tat ich noch einen Schritt und war in Hessen.

KH stehe für Kurfürstentum Hannover, erklärte mir der Wirt des Gasthauses, KFH dagegen, das Kürzel auf der anderen Seite, für Kurfürstentum Hessen.

Er hatte eine Halbglatze, eine große Nase und verschmitzte Augen; sprach breites Hessisch und empfahl mir zur Wander-Brotzeit die „Ahle Wurscht“, eine nordhessische Spezialität, und das kam mir dann doch ein bisschen seltsam vor: kaum die Grenze überschritten, und keine zehn Meter wurde tiefster Dialekt gesprochen?

Er war in Rheinhessen aufgewachsen, erklärte er dann, auf der rheinland-pfälzischen Seite des Rheins, und war eines Tages gen Norden gezogen. „Da wusste ich auch noch nicht, was hier los ist; ich wollte eigentlich ein Weinlokal aufmachen, unten in Hannoversch Münden.“ Auf der Suche nach passenden Räumen hatte seine Frau dann den Aushang gesehen von einem Wirtshaus, das zu verkaufen war, oben am alten Wachturm, und ein paar Meter weiter auf der hessischen Seite des Grenzsteins stand. Sie schauten es sich an, es sah aus wie ein Hexenhäuschen und wurde von einer alten Frau betrieben, die nicht einmal fließend Wasser hatte. Es gefiel ihnen. Die Frage, warum das Gasthaus schon dreizehn Jahre zum Verkauf gestanden hatte, stellten sie sich erst später.

„Wissen Sie was?“, sagte er trocken, während ich in mein Wurstbrot biss, „Sie sind hier in der zweitgrößten Gemeinde Hessens.“

„Wie?“

Der Forstgutsbezirk Reinhardswald, erzählte er, komme flächenmäßig gleich nach Frankfurt, „und das Ganze bei zwei Einwohnern: meiner Frau und mir.“

Das hatte er nicht gewusst, als er das Gasthaus kaufte damals, sonst hätte er sich das Ganze sicher eingehender überlegt. Als er sich im Bürgermeisteramt in Reinhardshagen ummelden wollte, bekam er zu hören: „Sie sind hier vollkommen verkehrt, gehen Sie mal da hoch ins Forstamt“, und dann bekam er vom Oberförster den Personalausweis ausgestellt, eine Postleitzahl gab es nicht; an der Stelle standen fünf Nullen.

„Sie glauben gar nicht, was wir für einen Ärger haben hier." Man hatte die Gemeinde mit ihren zwei Einwohnern schlicht vergessen bei der Vergabe der Postleitzahlen.

Er rief beim Postministerium an, und der nette Mann am Telefon sagte zu ihm: „Guter Mann, wenn Sie irgendwie Mittel und Wege haben, Ihre Post zu empfangen, dann lassen Sie's so. Wir können nicht wegen zwei Leuten das deutsche Postleitzahlensystem umstellen."

Seitdem holte er seine Briefe aus einem Postfach in Hannoversch Münden ab, drüben in Niedersachsen, und für Pakete hat er eine eigene Adresse erfunden: „Auf der Tillyschanze, 34346 Hann. Münden"; so komme in etwa jedes zweite an.

An den Zustand hatte er sich gewöhnt. Anstrengender war da die Sache mit dem Müll gewesen, die Niedersachsen wollten davon nichts wissen: „Wir nehmen von einer hessischen Gemeinde doch keinen Müll!", hatten sie ihm mitgeteilt, und irgendwann reichte es ihm, und er berief einen runden Tisch ein, an dem saßen der Förster, sein Bürgermeister also, der Bürgermeister der Stadt Hannoversch Münden und jemand von der Müllentsorgungsfirma, und schließlich kam es zu einer gütlichen Einigung: Er musste fortan seinen Hausmüll hinunter an die Straße bringen, auf niedersächsischer Seite, von dort wurde er regelmäßig abgeholt, die Rechnung dafür bekam er vom Land Niedersachsen. Freilich musste über diese Regelung ein Vertrag zwischen Hessen und Niedersachsen aufgesetzt werden; der kostete ihn dreitausend Mark. Ähnlich lief es mit dem Abwasser. Als es dann um die Gewerbesteuer ging, waren sie plötzlich alle zuständig.

Einmal war er in Berlin in eine Verkehrskontrolle geraten, und als der Beamte die fünf Nullen sah, an der Stelle, wo die Postleitzahl stehen soll, fragte er ihn: „Ja, kommen Sie denn aus dem Wald?" – „Guter Mann, Sie wissen gar nicht, wie Recht Sie haben“, hatte er erwidert, und der Beamte ging mit dem Dokument zum Auto, telefonierte, kam nach kurzer Zeit zurück und sagte: „Fahren Sie bloß weiter, mit Ihnen kriege ich bloß Ärger.“

Er schaute aus dem Fenster auf den Turm, der vielleicht zehn, fünfzehn Meter weiter drüben in Niedersachsen stand, die Tillyschanze. Er hatte eine Interessengemeinschaft für die Sanierung des alten Wachturms gegründet – „ich freu mich über die Geschichte hier“, sagte er, „der Reinshardswald ist schon immer umkämpft gewesen“ –, und seit der Turmrenovierung kamen auch häufiger Wanderer und Tagesausflügler und ab und zu auch jemand von den Medien, vor allem wegen der kuriosen Grenz-Geschichte. „Wenn das Hessenfernsehen kommt, dann ist hinterher die Bude immer voll. Wenn die Niedersachsen was senden: Nichts. Das ist schon komisch.“

Ich erzählte von meinem Weg nach Hause, und er schlug die Speisekarte auf und hielt sie mir hin; über der Rubrik „Enemene-itzel-bitzel – Tillyschanze-Superschnitzel“ füllte ein kleiner Text mit der Überschrift „Die Heimat“ die obere Hälfte der Seite: „Die Heimat ist dort, wo man die Gerüche, die Jahreszeiten, die Vögel und die Tiere, die Stimmen der Menschen, die Häuser, den Gang der Arbeit, die Landschaft und das Licht kannte, bevor man die Eindrücke in Worte fassen konnte.“

„Schön“, sagte ich und las die Weisheit noch mal und noch mal: „... bevor man diese Eindrücke in Worte fassen konnte.“ Er spendierte mir einen Kaffee, bevor ich weiterzog. „Haben Sie Kinder, die später den Betrieb übernehmen?“, fragte ich ihn noch. „Einen Sohn, dreiunddreißig, der will's nicht, das kann ich vergessen. Aber glauben Sie mir eins: Das wird eines Tages wiederkommen, wenn die Arbeitslosigkeit immer größer wird, dann rücken die Familien wieder mehr zusammen.“ „Was macht Ihr Sohn denn beruflich?“ Er schnaubte. „Der ist arbeitslos. Aber er kriegt ja Stütze, die genügt ihm offenbar noch.“
Ich verabschiedete mich, die Dämmerung kündigte sich schon

an, und es wurde merklich kühler im Wald; ich ging den Weg bergab und wandelte im Tal der Fulda entlang, zwischen Hügeln und Wiesen; an der Straße tauchte noch einmal ein Schild auf: „Willkommen in Hessen", atemlos ging ich einem glühenden Abendhimmel entgegen. Ich bin in Hessen!, dachte ich, rieb mir die Hände und wurde schneller, es war, als würde mich dieses Tal in seiner Mitte wiegen und eine vertraute Stimme sagen: Willkommen zu Hause, sei unbesorgt. Und wäre der Rucksack nicht so schwer von den nassen Socken und Hemden und dem durchweichten Schlafsack gewesen, ich hätte sicher ein paar kleine Freudensprünge eingelegt.

Es war schon dunkel, als ich in einem Gasthaus einkehrte, und nach dem Schnitzel und einem Gutenachtbier, das ich mir redlich verdient hatte, fiel ich in einen tiefen Schlaf.

Die Wirtin, Mitte dreißig, war dabei, mit einem Lappen den Tresen zu säubern, während ich frühstückte, als Einziger im Saal; ich lobte ein bisschen das schöne Haus und den Ort, sicher gebe es eine wunderbar funktionierende Dorfgemeinschaft. Sie schnaufte. „Ich sag's Ihnen ..." Sie wischte ein bisschen entschlossener: „Ich hasse die Leute hier."

Sie und ihr Mann waren aus Bad Hersfeld hergekommen, weil es dort mit der Wirtschaft – ihrer eigenen – immer mehr bergab gegangen war. Hier an der Fulda kehrten tatsächlich recht viele Radfahrer und Wanderer ein, davon konnten sie halbwegs leben; aber aus dem Ort selbst kam fast nie jemand, der Verpächter hatte sie vorher gewarnt, „der hat gesagt: ‚Aufs Dorf kannste scheißen.' Und ich dachte mir: Na ja, ganz so schlimm wird's schon nicht werden. Aber der Mann hatte Recht." Manchmal, sagt sie, kämen allenfalls eine Hand voll Einheimischer, gegen elf Uhr abends, und die wollten dann bis morgens um drei gemütlich sitzen, bestellten aber nur zwei Bier. Und dann die Ansprüche, wenn jemand eine Feier veranstalten wollte: „Rouladen, Rotkraut, Kroketten und was nicht alles, aber fünfundzwanzig Euro sind zu teuer."

Sie wischte noch eine Spur energischer über den Tresen. „Nein, wirklich: Ich hasse die Leute hier."

Es war ein sonniger Vormittag, ich folgte der Fulda mit ihren Windungen und Biegungen, links und rechts türmten sich dicht bewaldete Hügel auf, und ab und zu lugte ein Fachwerkhaus am Wasser um die Flusskurve herum. Eine Weile verließ mein Weg das Ufer, um eine Schleife im Flusslauf abzukürzen, führte durch ein zwitscherndes Dickicht, aus dem immer wieder rotgoldene Blätter auf den Pfad fielen, am Rand raschelten Farne, und Moos wucherte greisenhaften Steinbrocken den Rücken hinauf. Dicke Kleeblätter glänzten, tautropfenbedeckt, im Sonnenlicht, das durch die Baumkronen glitzerte.

Fast vier Wochen war ich mittlerweile unterwegs; das Hintergrund-Tosen der Gedanken, das einen im Großstadt-Alltag oft begleitet, hatte sich gelegt und geordnet. Ich genoss den Tagesrhythmus, der sich mehr und mehr nach Sonnenauf- und -untergang richtete, das Fortschreiten ins Ungewisse und das Wissen, dass man ziemlich gut weiterkommen kann, ohne allzu viele Pläne zu schmieden.

In der letzten Flussbiegung vor Kassel kam mir ein alter Mann mit Dackel entgegen, er hatte mich schon von weitem bemerkt und fragte mich nach meinem Ziel. Er erzählte mir die Geschichte eines überarbeiteten jungen Arztes, der, nachdem seine Frau ihn verlassen hatte und er am Leben verzweifeln wollte, einfach sein Bündel geschnürt hatte und losmarschiert war, von Hamburg bis nach München, in Scheunen und unter freiem Himmel übernachtet hatte, und als er ankam, waren alle Sorgen von ihm abgefallen, und er war wieder ganz bei sich selbst und voller Mut.

Der Mann war selbst Arzt, Naturheilkundler. Was ich da tat, gefiel ihm; das Wandern sei wunderbar für die Sauerstoffsättigung des Blutes – „absolut positiv!; Sie haben hinterher auch eine ganz andere Schaffenskraft, Sie werden geistig klarer."

Das Leben sei ein Mosaik, sagte er; aus unzähligen Bausteinchen wie Partnerschaft, Bewegung, Ernährung, „und je mehr gute Bausteine zusammenkommen, desto gesünder sind Sie."

Seiner Einladung auf ein Getränk folgte ich gern; wir gingen die Treppen zu seiner Wohnung hinauf; er lebte im obersten Stockwerk einer Apartmentanlage mit Flussblick, und auf der Terrasse spross und blühte und wucherte ein bunter Garten. Wir setzten uns, er schenkte mir Apfelsaft ein, aus eigenhändig gesammeltem Fallobst, und reichte mir ein Stück Kuchen, ohne Zucker.

Sein Vater sei ein berühmter Erfinder gewesen, und er selbst hatte 1941 angefangen, Medizin zu studieren, in der Berliner Charité bei dem berühmten Chirurgen Professor Sauerbruch. „Moment", sagte er, stand auf und kam kurz darauf mit einem Buch zurück: „Große Charité-Ärzte – In Krieg und Frieden hautnah erlebt", selbst geschrieben und verlegt. Es war sein zweites Buch. Das erste hieß: „Dabei gewesen – Der Soldat, der den Krieg nicht wollte". Für das Titelblatt hatte ein Freund eine Karikatur von ihm selbst gezeichnet, einen jungen Mann mit einem Fahrrad, einem Weltempfänger und einer Angelrute – „den Weltempfänger hatte ich immer dabei, und mit dem Angeln vertrieb ich mir auf friedliche Weise die Zeit." Was aus dem Buch geworden sei, fragte ich. „Davon wollte in der Zeit nach dem Krieg keiner was wissen. Das wird ja erst jetzt alles wieder aktuell."

Während des Studiums, in den Jahren 1942 und 1943 verdiente er sich als Kleindarsteller seinen Unterhalt, in „Münchhausen", „Der Geiger" und „Immensee". Unter den Schauspielern fühlte er sich wohl, die meisten waren gegen die Nazis – einmal griff sich einer im Studio das Megafon und rief, Goebbels nachäffend, „Käse rollen für den Sieg" statt „Räder rollen für den Sieg".

Während die Alliierten immer weiter vorrückten und fast täglich Brandbomben auf Berlin hagelten, pendelte er zwischen Lazarettdienst und Examensvorbereitungen; und als der Krieg endlich vorbei war, behandelte er in der Charité ungezählte Flüchtlinge, die in Berlin ankamen, von Ruhr und Typhus ausgemergelt und ausgeblutet; holte mit der Pinzette Maden aus Haaren und Ohren halb verhungerter Frauen; und im Tiergarten sah er Menschen, die sich den Rasen in Parzellen eingeteilt hatten und ihn mit den eigenen Ausscheidungen düngten, um ein bisschen Gemüse anbauen zu können.

Nachdem sich der Kontrollrat aufgelöst hatte, wurde es ihm im russischen Sektor zu ungemütlich. Er eröffnete eine Hausarztpraxis im Westteil der Stadt, spezialisiert auf Naturheilverfahren, und hielt die Ehre seiner großen Vorbilder aus der Charité hoch. „Raucher habe ich nicht behandelt“, sagte er, „denen habe ich gesagt: ‚Dafür ist mir meine Zeit zu schade.‘“ Nach Kassel war er Mitte der achtziger Jahre gekommen, „mit dem Kalten Krieg wurde es mir in Berlin allmählich zu heiß.“

Er schaute hinunter auf den Fluss. „Manchmal, wenn man ganz früh morgens hinausgeht, sieht man, wie all die Zweige von einem rosaroten Lichtschimmer überflutet sind. Es gibt ja Leute, die sehen solche Dinge nicht.“ Er genoss seine Spaziergänge jeden Tag. „Fassen Sie mal an“, sagte er dann und hielt mir den gespannten Bizeps hin, „was da noch dran ist.“

„Um Ihre Generation mache ich mir Sorgen“, sagte er, „Sie wachsen in einem Zeitalter des rücksichtslosesten Egoismus auf. Ein Raumanzug zum Beispiel kostet zwölf Millionen Euro, mit dem Geld könnte man zwölf Millionen Kinder impfen. Und wer hat eigentlich etwas davon, zu erfahren, ob es auf dem Mars Wasser gibt oder nicht?“

Während er sprach, streichelte er unter dem Tisch seinem Dackel den Kopf. „Diese brutale Rücksichtslosigkeit gegenüber den Armen bedrückt mich, die Menschen könnten alle friedlich miteinander auskommen. Die Ressourcen reichen aus. Wenn nicht ein grundsätzliches Umdenken erfolgt, ist die Existenz der Erde auf Dauer sehr fraglich."

Ich schwieg. Er schaute mich einen Moment lag ernst an, dann hellte sich seine Miene auf: „Ernähren Sie sich denn anständig auf Ihrer Wanderung?"

Während ich die Schweineschnitzel der letzten Abende beichtete, gingen wir allmählich in den Flur, und ich begann meine Stiefel zu schnüren. „Achten Sie darauf, dass Sie immer was Frisches dabeihaben", sagte er, „und nehmen Sie, wenn's schon sein muss, Bitterschokolade, die hat weniger Zucker."

Sein drittes Buch war eines über Naturheilverfahren gewesen, nach den beiden anderen über Krieg und Charité, und am vierten saß er gerade. „Der Titel steht schon fest", sagte er: „Dackel – Unsere Freunde, unsere Freude."

19

In Kassel sah ich viele blasse Menschen, viele Männer trugen langes Nackenhaar und Trainingsanzüge; einer rumpelte mir mit einem Kasten Bier auf einem Bollerwagen entgegen, und langsam begann ich zu ahnen, warum diese Stadt unter Frankfurtern auch als Hessisch-Sibirien bekannt war. Der Königsplatz, das „Herz der Stadt", wie eine Bautafel verkündete, war eine sehr große, kreisrunde Asphaltfläche, gesäumt von einer gewaltigen Einkaufspassage, in der alle gängigen Ladenketten untergebracht waren; es roch nach Teer, und ringsherum parkten Walzen und Schaufelbagger. Auf der Bautafel war die Vision der Stadtplaner in Farbe illustriert: Hier würden künftig Springbrunnen in Form von Delfinnasen Wasserstrahlen auf den Platz speien; die Bilder zeigten Kinder, die auf den Delfinnasen herumkletterten, andere, ringsherum, spielten mit Luftballons. Die Illustration sah täuschend echt aus, wie ein Foto aus einer anderen Welt. Auf einer Palette, an der ich vorbeikam, stapelten sich schon einige der Nasen, noch dick verpackt und verschnürt.

Ich quartierte mich in der Jugendherberge ein. Als es dunkel war, machte ich mich, obwohl Rücken und Füße müde waren, zu einer kleinen Erkundung des Kasseler Nachtlebens auf. Ich geriet zunächst in eine gut besuchte „After Work"-Party in einer Bar mit amerikanischem Namen, blieb verloren in der Menge stehen. Die Männer waren weit in der Überzahl, sie standen in Grüppchen zusammen und hielten sich an Weizenbiergläsern fest; niemand schien von mir Notiz zu nehmen, geschweige denn an einem Gespräch interessiert zu sein, und ähnlich war es in der nächsten Bar, wo das Publikum nach Studenten aussah. Ich trank einen

Cappuccino am Tresen und hoffte währenddessen vergeblich auf jeglichen Blickkontakt. Nach dem zweiten Cappuccino beschloss ich, mich endlich meiner unbezwingbaren Müdigkeit hinzugeben und zurückzugehen. Beim Bezahlen fielen mir die Gläser auf dem Abtropfgitter auf: es waren gerippte Gläser darunter, Apfelweingläser, ein sicheres Zeichen, dass ich mich auf heimisches Territorium zubewegte.

Der Morgen war kühl, die Stadt lag ein wenig grau da, ich stapfte durch den Verkehr und wusch meine Wäsche in einem Münzsalon. In einem Fußgängertunnel blieb ich vor einem Schaukasten stehen: Es hingen Poster darin mit Inschriften wie „Nur die Armut gebiert Großes (Verlegerweisheit)“, „Der Himmel gehört allen, die Erde wenigen“, dazwischen ein Schild, das auf eine Veranstaltung mit dem Titel „Sockumenta“ hinwies; das machte mich neugierig. Nebenan war der dazugehörige Laden, eingelassen in die Tunnelwand. Der Verkäufer trug einen wild gebatikten Kapuzenpullover und ausgewaschene Jeans, einen rotblonden Vollbart und eine schwarze Schirmmütze, er saß auf einem Klappstuhl vor einer riesigen Fahne, die eine Hand mit hochgerecktem Mittelfinger zeigte, und vor ihm waren überall Socken zum Verkauf ausgelegt; Wollsocken, schwarze Herrensocken, Ringelsöckchen, und dann Lederbändchen mit Hanfblättern aus Silber zum Umhängen, Flaggen mit Che-Guevara-Porträt und Bob Marley und T-Shirts mit Totenköpfen und Hanfblattmotiven in Rot-Gelb-Grün. Ob er der Initiator der Sockumenta sei, fragte ich ihn.

„Nein, nur Brutstättenleiter“, sagte er und grinste.

Die Sockumenta, erzählte er, sei die Idee zweier Kasseler Künstler gewesen. Als die Dokumenta 1997 vorbereitet wurde, jene Kunstmesse, für die Kassel über Nordhessen hinaus berühmt geworden war, kam die Dokumenta-Chefin, eine hochnäsige Pariserin, durch diesen Fußgängertunnel, im Schlepptau eine

Hand voll Journalisten. Sie wollte den Parcours vorstellen, auf dem die Kunstinteressierten durch die Stadt wandeln sollten, und der Weg führte durch diese Fußgängerunterführung, eine von etlichen, mit denen Kassel in den 50er und 60er Jahren autofreundlich gemacht worden war – direkt vorbei an Lothars Laden. „Unmöglich, dieser Sockenladen“, soll sie geschimpft haben, und damit wurde sie in den folgenden Wochen oft zitiert; sie hatte noch andere Sachen gesagt, die Stadt sei ein herausragendes Beispiel der modernen Groteske, mit dem Kunstniveau der Kasseler Bürger sei es nicht allzu weit her, und die Dokumenta-Halle sehe aus wie ein Squashcenter. Die Frau wurde sehr schnell sehr bekannt in Kassel.

Die beiden Künstler gaben eine Sockumenta-Zeitung heraus, mieteten Vitrinen, über die ganze Stadt verteilt, und stellten darin Socken von Prominenten aus, sogar Hans Eichel spendete eine Skisocke; es gab Aktionskunst zum Mitmachen, Sockenwaschen mit Bottich und Waschbrett, und irgendwann kam die Dokumentafrau dann sogar zu ihm in den Laden und wollte sich entschuldigen, aber Lothar warf sie hinaus.

„Die Dokumenta 1997 war schon ziemlich positiv für mich“, sagte er. Doch der Bekanntheits-Schub wirkte nicht allzu lang; schon vor der Euro-Einführung habe sein Umsatz deutlich zu sinken begonnen. Seit Mitte der Neunziger nehme er gut eine Viertel weniger ein.

Zwei Teenagerinnen blieben stehen und fragten nach dem Preis einer Che-Guevara-Flagge. „Zwölf Euro“, sagte er, und die Mädchen versprachen, auf dem Rückweg noch einmal vorbeizuschauen, und gingen weiter. „Das höre ich zehn Mal am Tag“, sagte er und grinste.

Lothar stammte aus einem Dorf in der Nähe von Frankfurt. Als er mit vierzehn die Volksschule abschloss, stellten ihn seine Eltern vor die Wahl: Post oder Polizei. Weil er nicht schwimmen konnte, ging er zur Post, aber nach einem halben Jahr warf er alles hin, schlug sich zwei Jahre mit Jobs durch und dann wurde er Straßenmusiker. Er sang und spielte Gitarre, schaffte sich ein Repertoire von gut hundert Stücken drauf und spielte in der Frankfurter Fußgängerzone und in Kleinstädten ringsherum; am besten war es in Kurorten wie Bad Nauheim oder Bad Homburg, da warfen die Leute auch dann noch zwei Mark in den Hut, wenn er ein Lied nur zur Hälfte fertig spielen konnte, weil sechzehn Grad minus waren und ein Finger beim Greifen an der tiefen E-Saite festgefroren war.

„Die Straße ist die größte Bühne der Welt", sagte er. „Und die härteste." Irgendwann wurde es ihm zu viel; er ertrug seinen eigenen Gesang nicht mehr, und hinzu kam, dass die Einnahmen mit den Jahren immer spärlicher wurden.

„Wenn du heute als Straßenmusiker überleben willst", sagte er, „musst du unglaublich gut sein oder behindert. Contergangeschädigt zum Beispiel. Das Mitleidsgeld sitzt immer noch locker."

Er heuerte bei einem Frankfurter Sockenhändler an, eröffnete später eine Straßenfiliale in Kassel, und irgendwann war er so weit, dass er sich selbstständig machen konnte.

„Die Kasseler sind schon ein ziemlich kaltes Völkchen", sagte er. „Auf Dauer muss man sich selber eine dicke Haut zulegen." Er frage kaum noch jemanden, ob er bei der Auswahl helfen könne; die meisten zuckten dann erschrocken zusammen, „das habe ich so noch nirgendwo anders erlebt. In Frankfurt haben die Leute wenigstens geantwortet: ‚Ich guck' doch nur.' Und ich habe dann geantwortet: ‚Ich grüß' ja auch nur.'" Daraus entwickelte sich dann ein netter Smalltalk, der oft in einem Sockenkauf endete.

Ein älterer Mann mit Brille und Mantel blieb stehen, griff nach einem Bündel schwarzer Socken, legte es zurück und nahm ein anderes – „darf ich Ihnen was andrehen?", rief Lothar freundlich und zwinkerte mir zu. Der Mann zuckte zusammen, riss abwehrend die Arme hoch und ging dann weiter.

Früher habe er die besten Geschäfte freitags und samstags gemacht, sagte Lothar; heute seien das die schwierigsten Tage. „Teilweise arbeiten die Leute nur noch vier Tage die Woche, und ihre Einkäufe erledigen sie draußen auf der grünen Wiese.“ 3500 Euro Jahresgewinn mache er schätzungsweise, „da kann man auch schwarz nicht viel dran drehen. Wenn ich bei solchen Summen auch noch zehn Euro am Tag direkt einstecken würde, dann käme doch das Finanzamt und würde fragen: ‚Warum arbeiten Sie überhaupt?‘“ Allein für Heizkosten gebe er im Jahr rund 720 Euro aus – „was würde ich für das Geld an Holz bekommen! Man wird in so vieles hineingezwungen ... statt mit Holz zu heizen bin ich in meiner Wohnung an eine teure Ölheizung gebunden; das sind so Sachen, die heute die Armut noch erbärmlicher machen. Wenn ich die Wahl hätte, ich würde mich nicht noch mal selbstständig machen, das ist doch der Wahnsinn heutzutage, dass sie die Leute in dieser Konjunkturflaute auch noch massenweise in Ich-AGs drängen.“

Manchmal sehe er, wie Sozialhilfeempfänger über ihn lachten, wie er da für diese winzigen Summen inmitten seiner Socken steht. „Und wehe, es ist der Zwanzigste im Monat, und bei denen ist die Kohle alle, und einer sieht, wie ich gerade was von einem Kunden kassiere. Dann kommt der Neid.“

Als er anfing mit seinem Laden in der Unterführung, hatte er oft Ärger mit den Leuten aus der Drogenszene, musste immer wieder einige von ihnen zum Teufel jagen, manche hatte er sogar angezeigt. „Ich habe nichts gegen Drogenabhängige. Ich rauche selber seit zweiundzwanzig Jahren Haschisch. Aber ich muss mich ja nicht total gehen lassen.“

„Manche von den ausländischen Kids hier in Kassel, die sind unheimlich aggressiv, die machen zum Beispiel Punker an, das ist doch paradox. Man könnte sagen, die sind ziemlich rechts.“ In den neuneinhalb Jahren, die er seinen Laden mittlerweile betrieb, war ihm insgesamt vierundzwanzig Mal ein Schaufenster eingeschlagen worden, irgendwann bekam er Stahlplatten zum Schutz über Nacht, die hatte ihm die Stadt bezahlt: „Die wollten, dass ich bleibe." Sein Laden gab der Fußgängerzone ein bisschen Leben, ein bisschen Sicherheit.

Seine Freundin war Lehrerin an einer Reformschule, zu zweit kamen sie einigermaßen über die Runden. Jetzt aber sollte die Unterführung zugeschüttet werden. „In vier, fünf Monaten bin ich weg hier.

„Wohin gehst du dann?"

Er zuckte mit den Schultern. Aus Kassel wegzugehen, das würde eine Trennung bedeuten, eine Fernbeziehung würde nicht funktionieren. „Aber hier sieht's wirtschaftlich einfach extrem schlecht aus." Er träumte davon, „etwas mit Natur" zu machen; Biomasse als Energieträger anbauen zum Beispiel. „Mit Holz scheint mir das ziemlich kompliziert zu sein. Ich glaube, Hanf ist das Gewächs der Zukunft." Seit er ein Buch über die unglaubliche Vielzahl an Möglichkeiten gelesen hatte, was man außer Rauchen mit Hanf noch so alles anstellen kann, ließ ihn der Gedanke an umweltfreundlichen Treibstoff nicht mehr los. „Der Anbau trägt sogar dazu bei, die Luft zu verbessern. Die Pflanze nimmt Kohlendioxid auf und setzt Sauerstoff frei." Eine Frau mit Einkaufstaschen stöckelte vorbei: „Sind prima, die Socken!", rief sie zu ihm herüber und lächelte, und er lächelte zurück.

„Viele Leute machen es sich zu schwer", sagte er, „die wollen, dass es ihnen immer gut geht. Das ist unmöglich. Wenn man das Schlechte nicht kennt, kann man das Gute nicht schätzen. Das sehe ich ja an mir: Ich rauche jeden Tag meine Wasserpfeife, aber so richtig genießen kann ich sie erst, wenn ich sie mal zwei Tage nicht geraucht habe. Weniger ist manchmal mehr."

Seine Stimme blieb gelassen bei allem, was er sagte; er schaute besonnen, wie einer, den nichts mehr schrecken konnte im Leben. „Manchmal schreibe ich", erzählte er dann, „ich schaffe es gerade so, mich zwischen Depression und Aggression zu stabilisieren. Oft bin ich so fertig, dass ich überhaupt nichts Kreatives mehr auf die Reihe kriege; dann lese ich – und wenn ich ein paar Seiten gelesen habe, merke ich, dass ich gar nichts mitbekomme von dem, was da steht."

„Was liest du gerade?"

„Moment." Er holte ein zerfleddertes Taschenbuch unter dem Tresen hervor: „Schöne neue Welt" von Aldous Huxley.

Ich verließ Kassel bergauf durch den mächtigen Bergpark, wo kein Baum dem anderen glich, die Herkulesstatue im Blick, machte kurz Rast auf einer Holzbank, um Hirschtalg nachzucremen – an der Ferse machte sich eine Druckstelle bemerkbar; auf den steilen Wegen erhöhte sich die Reibung spürbar.

Ich wanderte über weichen Boden und erreichte irgendwann den Gipfel eines Bergs namens Hohes Gras, gut achthundert Meter hoch. Eine Weile irrte ich umher, bis ich endlich einen Wegweiser fand. Ich hatte mich verschätzt in der Zeit, es waren noch gut zehn Kilometer bis nach Kirchberg, wo ich von Stefan erwartet wurde, einem jungen Landwirt, bei dem mich eine Kollegin angekündigt hatte. Um nicht in die tiefste Dunkelheit zu geraten, legte ich ein strammes Marschtempo vor, kam beim Weg bergab an den Waldrand und gönnte mir noch ein paar Minuten Innehalten mit Blick auf eine wunderschöne Almwiese, die in sanften Wellen bergauf ging.

Ich legte noch einen Schritt zu; der Abend kam, und ich war nicht einmal aus dem Wald heraus. Ich fühlte in der Tasche meines Fleecepullovers nach der Taschenlampe: die würde ich sicher wieder als Signalgeber brauchen, wenn mein Weg mich im Dunkeln am linken Rand der Landstraße entlang führt.

Ich sah, wie die Abendsonne hin und wieder zwischen den Bäumen hindurchleuchtete; der Weg führte über steile, schlickige Hänge, dann durch einen stummen Nadelwald; der Boden schluckte meine Schritte, es war fahl und dunkel: jetzt nur nicht stolpern. Als ich schließlich auf eine Lichtung kam, die von umgesägten Stämmen übersät war, sah ich drei Rehe, die aufgeregt wegsprangen.

Ich kam wieder auf Straße, hielt mich links, ich hatte mich gehörig in der Zeit verschätzt, hätte mich viel früher aus Lothars Sockenladen losreißen müssen – nun marschierte ich im Dunkeln den heranbrausenden Autos entgegen und schob einen mickrigen Lichtkegel auf dem Grasstreifen zwischen Straße und Graben vor mir her. Der Weg zog sich quälend in die Länge, jeder Kilometer im Dunkeln fühlte sich an wie drei bei Tageslicht. Ich hielt mich streng auf dem schmalen Grünstreifen und folgte den gelben Schildern, die mein Taschenlampenlicht zurückwarfen, und kam viel zu spät in Kirchberg an. Im Dunkeln sah ich das Schild, das auf den Hofladen verwies, und wusste: Hier bin ich richtig.

Stefan, ein alter Freund einer Hamburger Kollegin, empfing mich mit Gipsbein und Krücken, er war auf der Rinderweide in ein Loch getreten. „Ich hab' mir schon Sorgen gemacht, wo du nur bleibst", sagte er, „mach's dir bequem." Ich ließ mich in den weichen Sessel sinken, vor dem knackenden und knisternden Kaminfeuer, während er sich auf seinen Krücken in die Küche schleppte und den Gasherd anmachte. Es war von der ersten Sekunde an behaglich: Das ganze Erdgeschoss war mit hellem Parkett ausgekleidet, aus den Boxen strömte leise, großartige Musik von Lambchop und Van Morrison, und nach etwas Töpfescheppern und Besteckklappern rief er mich an den Esstisch; es gab Pasta mit rotem Pesto und roten Wein, und er erzählte vom Leben als 34-jähriger Ökobauer.

„Wenn ich den Hof nicht hätte, wäre Berlin schon ein Platz zum Leben", sagte er. „Vom Lebensgefühl hat mir das schon gelegen, dieses Anonyme, nicht so ganz Festgelegte." Er war zum Studieren dort gewesen, Landschaftsplanung, und hätte um ein Haar einen Job dort bekommen. „Wenn das nicht in letzte Minute geplatzt wäre, dann wäre ich vielleicht jetzt nicht hier."

Es war die richtige Entscheidung. Ein Studienkollege aus dem Schwarzwald war in Berlin geblieben und hatte den Hof seines Vaters nicht übernommen – „das ist bei ihm wie eine offene Wunde, wie bei jedem Bauernsohn: das Gefühl, etwas lang Gewachsenes aufgegeben zu haben."

Er schwenkte langsam das Rotweinglas, während er erzählte; manchmal hielt er inne beim Sprechen, um seine Worte genau abzuwägen und strich sich über den Dreitagebart. Von der Seite glühte wärmend das Feuer.

Auch Stefans Vater hatte lange geglaubt, sein Sohn würde den Hof nicht übernehmen; die Schwester hatte sich längst aus dem Staub gemacht, war als Buchhändlerin nach Kassel gegangen. Stefan trat mit achtzehn aus der Freiwilligen Feuerwehr und dem Tischtennisverein aus und machte Zivildienst bei den Rettungssanitätern, obwohl er eigentlich kein Blut sehen konnte; „ich war wohl schon immer der Typ, der bis an seine Belastungsgrenzen gehen muss." Dann ging er studieren, nach Kassel und Berlin, nach Australien, Amerika und nach Äthiopien, und dann sah zunächst alles nach Berlin aus.

Er zog eine Ausgabe des National Geographic aus dem Regal. „Und dann habe ich diese Bilder hier gesehen." Er schlug eine Reportage über Biobauernhöfe in Amerika auf; auf einem Bild sah man einen Farmer mit Strohhut, wie er seine hübsche Frau im Arm hielt, beide hatten sonnengegerbte Gesichter und sahen glücklich aus.

Er dachte an seinen Vater und den Hof, vor mehr als vierhundert Jahren zum ersten Mal urkundlich erwähnt, bewarb sich auf einem der Höfe in Amerika, um dort für ein Vierteljahr zu arbeiten, und nach ein paar Tagen wurde ihm alles klar. „Das war ein ganz anderes Feeling zur Natur, eine ganz andere Wertschätzung der Landwirtschaft, als ich es von hier kannte. Die Leute in der Provinz als Idioten, der Bauernhof als pittoreskes, absurdes Theater – diese Klischees ärgern mich. Guck dir zum Beispiel diesen

Mist auf MTV an: ‚The Simple Life', da werden die Tiere gefilmt, wie sie geschlachtet werden, das ist doch entwürdigend."

Als er zurück war aus den USA, setzte er einen Pachtvertrag mit seinem Vater auf, baute sich im Hinterhaus die Wohnung aus, und übernahm den Betrieb. Als Erstes hörte er auf, Unkrautvernichtungsmittel zu spritzen; sein Vater brauchte lange, eher er glaubte, dass das funktioniert. Und dann schaffte er die Milchkühe ab. „Auf der Weide, das sind alles nur noch Mutterkühe, da schaue ich einmal am Tag vorbei, ob's denen gut geht. Wenn ich mir vorstelle, ich müsste denen jeden Morgen und jeden Abend am Euter rumfummeln – furchtbar."

So, wie er den Hof organisiert hatte, konnte er ohne größere Sorgen für drei Tage am Stück wegfahren, und zwei-, dreimal die Woche fuhr er abends nach Kassel, um seine Freunde zu treffen.

„Viele denken ja immer: ‚Oh Gott, Bauern, die haben nie Freizeit, keinen Urlaub, und kriegen keine Frau ab.' Der Niedergang des Berufsstands hängt entscheidend damit zusammen, dass du bürgerliche Maßstäbe an dich anlegst. Ich habe eine 60- oder 70-Stunden-Woche. Aber ich denke nie: ‚Ach, ich habe ja so viel Arbeit ...' Diese Abhängigkeit, jeden Morgen irgendwo um sieben auf der Matte stehen zu müssen, und dann mal vierzehn Tage im Jahr nach Mallorca, für diese vierzehn Tage mal frei sein, das ist doch erbärmlich."

Er hatte lang in WGs gewohnt während der Studienzeit, zuletzt in einer riesigen Wohnung, mit großartigen Mitbewohnern, „aber da stand trotzdem der Schreibtisch im selben Zimmer wie das Bett. Das wäre heute für mich undenkbar."

Die Musik war zu Ende, es war ganz still im Raum, der Rotwein schwebte in meinem Kopf, und mir fielen die Augen zu. „Tut mir Leid", murmelte ich, „lass uns morgen weiterreden."

Zum ersten Mal seit langem wachte ich wieder ausgeschlafen auf; ich öffnete das Fenster zum Hof, die Sonne flutete den kühlen

Morgendunst mit Leben; Vogelzwitschern drang herein, in ihrem Gatter lagen die Schweine rings um den runden Strohballen schlafend aneinander gekuschelt, und man hörte sie schnarchen. Ab und zu bewegte sich eines, stieß seine Haxen einem anderen in den Hintern, das zuckte und wackelte mit den Ohren, und dann lag wieder alles ruhig und schnarchte.

Ich stand lange am Fenster und atmete die Morgenluft; als um zehn die Kirchturmglocken zu läuten begannen, rappelte sich das erste Schwein auf und lief in den Stall.

„Ja, die sind schon süß", sagte Stefan beim Frühstück; „und man merkt, dass sie mit dem Biofutter viel vitaler aufwachsen als konventionell gezüchtete Schweine." Er lächelte. „Die kämpfen richtig, wenn's zum Schlachter geht."

„Probier mal", sagte er und schnitt mir ein Scheibchen „Ahle Wurscht" ab, die Spezialität seines Hofes.

„Man muss kreativ mit den Ressourcen umgehen", sagte er, „achtzig Prozent der Betriebe denken in der Kategorie Größenwachstum. Es fehlt in der Landwirtschaft einfach an Ideen – und an Leuten, die Ideen umsetzen."

Die Subventionen, die er derzeit vom Staat bekam, sah er als „Hilfe im Strukturwandel", als Unterstützung auf dem Weg, jenseits der konventionellen Landwirtschaft wettbewerbsfähig zu werden. „Und diese Wurst", sagte er, schluckte den Bissen in seinem Mund herunter und zeigte mit dem Messer auf den angeschnittenen Ring, „die ist wettbewerbsfähig."

Ahle Wurscht, erklärte er, sei in der Gegend so etwas wie ein Grundnahrungsmittel, eine Spezialität, die nur in Nordhessen, bis auf Höhe von Marburg gelingt; anders als bei anderen Sorten kommt das ganze Schwein hinein, auch die Filetstücke, und zum Trocknen werden die Würste in den typischen Fachwerkhäusern der Region aufgehängt, die Lehmwände geben den Räumen das optimale Klima. „In Hannover könntest du diese Wurst nicht hinhängen. Das ist so ähnlich wie mit dem Parmaschinken."

Er war einer der ersten Ökolandwirte, die Ahle Wurscht herstellten; sie brachte ihm fünfzig Prozent Wachstum im Jahr, und vor kurzem hatte er sie bei Manufactum angeboten, „die waren ganz angetan." Die Chancen, den deutschen Markt zu erobern, standen nicht schlecht; gerade hatte die Slow-Food-Bewegung die Ahle Wurscht als erstes hessisches Produkt in ihre „Arche des guten Geschmacks" aufgenommen.

Jetzt plante er, die Wurst nach Japan zu exportieren; die Japaner seien versessen auf deutsche Spezialitäten, und da gebe es diese Tradition, edle, teure Lebensmittel als Gastgeschenk mitzubringen. „Ich habe mich einfach mal einen Vormittag hingesetzt und über Kühlketten und Transportpreise recherchiert", erzählte er, „und nach drei Stunden wusste ich, wohin ich mich wenden und was ich als Endpreis verlangen muss. Das ist alles kein Hexenwerk."

Er geriet immer mehr ins Schwärmen, wie er von seinen Plänen erzählte und von den Glücksmomenten, die das Landwirtschaften ihm bescherte – zum Beispiel, wenn er in eines der Kasseler Szenecafés kam, mit zweihundert frischen Eiern, die Gäste von ihrem Frühstück aufschauten und alle sahen: „Ah, da kommt der Biobauer"; oder als er jemanden ein Rindfleischgericht essen sah in einem Restaurant, das er mit Fleisch belieferte: „Das ist so abgefahren! Ich habe das Tier vor Augen, habe gesehen, wie es geboren wurde und aufwuchs, und jetzt sehe ich, wie es jemandem schmeckt."

Seine Schwester kam zu Besuch, in Rock und Stiefeln und Jeansjacke, die Buchhändlerin in Kassel; zusammen mit ihrem Freund, um Stefan ein bisschen Arbeit abzunehmen mit seinem Bein. Ich ging mit den beiden in den Hof, wir zogen die schwere Holzschiebetür zum Hühnerstall auf und tasteten uns hinein in eine Wand aus stickiger Luft und beißendem Ammoniakdunst; die Hühner liefen purrend mit nickenden Köpfen auf und ab und schlichen misstrauisch um uns herum, während wir die Eier aufsammelten; einige waren noch warm und kotverschmiert; mit dem Korb gingen wir in den Hofladen, um sie zu säubern, und Stefans Schwester stöckelte die ganze Zeit durch den Raum, als gehörte sie nicht dorthin. „Ich habe eigentlich überhaupt keine Ahnung von alldem“, sagte sie.

Als ich zurückkam in Stefans Wohnung, saß er vor einem Flachbildschirm, neben sich Hängeordner mit Titeln wie „Schweine“, „Ahle Wurscht“, „Diesel“ und „Rindfleisch“; er war gerade dabei, sich eine Internetseite aufzubauen, und schaute sich an, was die Konkurrenz so schrieb. „Es ist leider so“, stand auf einer Seite, „dass wir immer wieder einige Rinder schlachten müssen.“ Er schnaufte verächtlich. „Das ist doch lächerlich. Entweder man schlachtet Tiere und steht dazu, oder man lässt es bleiben.“

Als Biobauer müsse man nicht durch und durch ökobewegt sein, sagte er, die Ökoszene war ihm schon immer suspekt gewesen, diese esoterischen Verkäuferinnen im Bioladen. „Es hat nichts mit Öko zu tun, wenn du nicht abhängig bist von immer raffinierteren Spritzmitteln. Und es gibt auch einen ganz großen sinnlichen Faktor, wenn du wieder mit den Händen das Saatgut berühren kannst, weil es nicht gebeizt ist. In der konventionellen Landwirtschaft bist du immer mit Symptomen beschäftigt: Den Schweinen werden die Schwänze abgeschnitten – weil sie sich die sonst gegenseitig abbeißen würden, weil sie unter Stress leiden, weil sie auf zu engem Raum gehalten werden.“

Es war spät geworden, und Stefan lud mich ein, noch eine Nacht zu bleiben, und das nahm ich nur allzu gerne an.

„Meinst du, du wirst den Rest deines Lebens hier bleiben?“, fragte ich Stefan beim Frühstück.

„Mal sehen“, sagte er, „der Pachtvertrag läuft erst einmal bis 2010. Vorstellen kann ich mir noch einiges. Das hängt zunächst davon ab, wie sich langfristig meine Ahle-Wurscht-Akquise entwickelt.“

20

Mit zwei Wurstringen im Rucksack wanderte ich los in Richtung Waldeck, durch einen tiefblauen Morgen, der nach Herbst und Sonne und Rauchwurst duftete, zwischen den Fachwerkhäusern im Dorf. Diese Fachwerkhäuser und der Duft nach Geräuchertem, das war Hessen, wie ich es kannte; unter diesem tiefblauem Himmel kam ich ins nächste Dorf und ging von da an hügelan. Ich freute mich über die Apfelbäume, die ihre Äste in den satten, blauen Himmel streckten und ihr pralles, gelbrotes Obst feilboten. Ich pflückte zwei Äpfel und gönnte mir auf einer verwitterten Holzbank ein zweites Frühstück, kostete ein Scheibchen von der guten Weiderindersalami und noch eins, und gegen Mittag, als ich mich von den Straßen abwandte und einer der roten Fädchen auf meiner groben Karte folgen wollte, einem Wanderweg, verließ mich wieder meine Orientierung. Als mir ein Grüppchen Wanderer entgegenkam, fragte ich nach dem Sandkopf, einem Berg, den ich zu umrunden hatte auf meinem Weg nach Waldeck am Edersee, und wurde zur letzten Gabelung zurückgeschickt. Ein Stück ging ich mit der Gruppe mit, einer der Männer, mit prächtigem Vollbart, erzählte mir, dass die Briten im Zweiten Weltkrieg die Ederseestaumauer bombardiert hatten; die Welle, die sich daraufhin den Fluss hinabwälzte, hatte bis nach Hannoversch Münden hinab etliche Menschen in den Tod gerissen. An der Gabelung standen wir noch lang zusammen und plauderten, und während die anderen schon begannen, mit ihren Nordic-Walking-Sticks über den Boden zu scharren, sagte er: ach, er würde so gern auch einmal wieder eine Woche freinehmen und einfach loswandern; und so standen wir noch ein Weilchen da, ehe wir uns losrissen und jeder seines Weges ging. „Passen Sie auf", sagte er noch und deutete hinauf zum Sandkopf, der nicht mehr weit war, „ich habe mich da oben schon oft verlaufen."

Er sollte Recht behalten. Ich verbrachte den Nachmittag damit, durch dichten Wald zu irren; immer wieder verlor ich den Weg aus den Augen, der mit weißen Kreuzchen markiert war; stolperte mal über Trampelpfade im Waldboden, durchwachsen von Baumwurzeln, mal über breite Fahrwege, und brach irgendwann auf eine Lichtung hervor und sah jenseits des nächsten Tals Waldeck mit seiner Burg thronen. Ich ging in den Abend hinein, ins Gegenlicht, das die Wiesen in ihrem satten Grün durchflutete, und auf dem letzten Wegstück, zwischen Rübenfeldern hindurch, die sich hier schon viel lieblicher ins Land betteten als auf den endlosen Geradeauskilometern in Niedersachsen, auf diesem letzten Wegstück bremste ein silberfarbener Wagen neben mir, und die Frau auf dem Beifahrersitz ließ die Scheibe hinuntersurren und fragte lächelnd, ob ich ein Stück mitfahren wollte. Ich dankte und lächelte zurück, ging gut gelaunt nach Waldeck hinein, mit genügend Energie, um direkt auf die Burg hinaufzusteigen; am Wegrand spielte ein Leierkastenmann, der genauso traurig schaute wie jener in der Hamburger Innenstadt. Der Zutritt zur Aussichtsplattform war kostenlos, ich setzte mich zwischen Familien und jungen Paaren auf eine Mauer und schaute hinab auf die mächtige, grau glitzernde Wasserfläche, hinter dem sich dichter Wald auftürmte. Wie kleine Wasserinsekten pflügten Ausflugsdampfer gemächlich über den See, und ein Windsurfer glitt über die gekräuselte Oberfläche.

Ehe es dunkel wurde, suchte ich mir ein Zimmer in einem alten Gasthaus, und ehe ich mich schlafen legte, spazierte ich noch einmal hinaus und sah den Himmel glühen und sich winden in Orange und Violett. Gerade war ich versunken in das Abendrot, da wummerte hinter mir, wie ein Raumschiff, ein tiefer gelegter Golf vorbei, unter dem Auto strahlte grünes Licht auf die Straße. Ich zuckte zusammen.

21

In Waldeck hatten voriges Jahr die Mauser-Werke geschlossen, eine Fabrik für Büromöbel und einer der größten Arbeitgeber in der Region, wie mir der Wirt beim Frühstück erzählte; nach zweiundachtzig Jahren. Seitdem verließen auch die letzten jungen Leute die Gegend. Er war Mitte dreißig, trug eines dieser Kochhemden mit den unzähligen Knöpfen und hatte einen gemütlichen Bauch und eine rundes Gesicht. Auch mit dem Tourismus laufe es nicht mehr wie früher: Die meisten kämen in Bussen auf Tagestour, ohne Übernachtung, „und dann wollen sie ein schönes Billigessen serviert bekommen, drei Gänge für acht Euro fuffzig. Nur so geht's noch." Immer knapper werde das Geld bei den Leuten, und dann diese Mentalität: Da schickt jemand ein Fax mit der Anfrage für ein Einzelzimmer vom 7. auf den 8. Januar nächsten Jahres, und darunter die Anmerkung: „Bitte um schnellstmögliche Antwort, habe auch anderswo bereits angefragt."

„Ich sag's Ihnen, es geht heute nur noch ums Austricksen."

Und trotzdem wolle er nichts anderes machen als dies hier, sagte er und steckte sich eine Zigarette an. Seine Eltern hatten das Gasthaus vor gut dreißig Jahren eröffnet, und ursprünglich hatte er irgendetwas mit Computern machen wollen, aber dann kam sein Vater und sagte: „Ich hab' einen Ausbildungsplatz für dich, oben auf der Burg im Restaurant", und danach war er ins elterliche Geschäft eingestiegen. „Das war einfach klar für mich, nicht so wie heute – da kommen die Leute aus der Schule, und dann geht's los: Das wollen sie nicht, das nicht, und nachher sind sie arbeitslos."

„Dieses Maßlose, diese Unbescheidenheit überall. Ich hab'

zum Beispiel früher immer gern Dalli Dalli geguckt", sagte er. „Da ging's um hundert Mark, mal um fünfhundert ... und jetzt? Da muss es gleich eine Million sein. Ich frage mich manchmal: Wo kommt das ganze Geld her?!"

Auf dem Weg sah ich noch einige Male den See, wie er dort unten gegen die Staumauer drängte; die Sonne schien, aber der Wind blies schneidend kalt durch meinen Fleecepullover und um die Nase; ich nahm das Tuch, das ich dem heimwehgeplagten Verkäufer in Schneverdingen zusammen mit dem Schlafsack abgekauft hatte, und band es mir um den Kopf, damit die Ohren geschützt waren, vielleicht sah es ein bisschen martialisch aus als Stirnband, zusammen mit dem wuchernden Bart. Und so ging ich in den Kellerwald, einen der letzten Wälder Europas mit großen zusammenhängenden Buchen-Urwäldern, hinauf und hinunter, wie ich mir das herbeigesehnt hatte im platten Niedersachsen. Das Auf und Ab war auf berauschende Weise anstrengend: Bei längeren Aufstiegen spürte ich mein Herz schlagen und die kühle Luft tief in den Brustkorb strömen; und manchmal, wenn es bergab ging, ließ ich die Schritte einfach dahinrollen und schnaufte, es hörte ja niemand. Der Wald war zartgrün im Sonnenlicht, ein wohlwollendes Grün, keins, das Licht schluckte, wie die Tannen des Harzes, nein: Es leuchtete und spendete Trost. Der Weg machte eine rasante Kurve; rechts ging es ganz waghalsig nach unten, eine Eiche krallte sich mit ihren schwieligen Wurzeln in den felsigen Abhang wie die Hände eines alten Mannes; und das Moos schien wie zähe grüne Farbe über die Wurzeln auf den Felsengrund hinunter zum See zu rinnen; und oben flutete die Sonne die Eichen und die Buchen mit ihrem unwirklichen Leuchtgrün; die Sonne und die Wolken machten aus den Blättern und Zweigen ein schillerndes Spiel aus Grün und Blau und Licht und Schatten. Es war, als liefen die Bäume von links, von steil oben, auf mich zu, stürmten über den schmalen Weg an mir vorbei und verneigten sich vor dem Abgrund; als wollten sie mich einladen, einen ihrer Moosrücken zu besteigen und darauf einen Ritt ins Tal zu wagen.

Ein krauses, gelbrotes Blatt taumelte vor mir im Wind, gehalten von einem einzelnen, wundersamen Spinnenfaden, der hinauf zum nächsten Ast führte. Ich folgte dem weißen K, dem Symbol für den Kellerwaldsteig, und kam durch ein Dorf, das fast wie ein italienisches Fischerdörfchen am Fuß einer Steilküste im Tal kauerte. „Wir haben hier keine bleibende Stätte", stand in Frakturschrift auf einem Schild am Ortseingang, „sondern die zukünftige suchen wir." Nach einer kurzen Rast auf einer Bank vor der Kirche ging ich wieder hinein in den Wald, kam am Ortsrand an einem mächtigen Toilettenhaus vorbei, in modernem Blau und Grau mit Glasvordach und fein gepflastertem Vorplatz; die Gemeinde schien wohlhabend zu sein.

Das Gehen fiel mir leicht, ich lauschte meinen mal dumpfen, mal knirschenden Schritten und hörte plötzlich ein leises Klopfen an einem der Bäume. Ich schlich mich heran und drum herum und versuchte, oben irgendetwas zu entdecken, doch da war nichts; dann kam das Klopfen wieder, ich legte die Hand an den Stamm und spürte ganz zart das Pochen im Stamm, aber nichts war zu sehen. Gerade als ich gehen wollte, flog der Vogel heraus aus der Baumkrone, auf einen Nadelbaum gegenüber, und ließ sich auf einem dünnen Zweig nieder, ich ging ein Stück weiter – da flog er zurück und klammerte sich an den Ast, der oben herausragte, und traktierte ihn mit Schnabelhieben; ich bestaunte einen Moment seinen schwarzen Rücken, die hellen Flügel, den weiß gestreiften Kopf mit den roten, abstehenden Federn, dann ging ich weiter.

In der Dämmerung kam ich an, eine Hand voll Häuser schmiegten sich zwischen die tiefgrünen Hügel; die „Wandertalstation" war eine Blockhütte mit Sitzbänken und Schokoriegelautomaten darin. Als ich im Haus dahinter klingelte, kam im ersten Stock eine Frau ans Fenster sagte, leider sei alles belegt, sie werde aber im Nachbarort anrufen, und ich solle mich doch in die Vesperhütte setzen und warten.

Es war eine schöne, warme Hütte, die Tische und Bänke aus hellem Massivholz; der Automat mit den Schokoriegeln und Keksen leuchtete und surrte, ich nahm mir ein Glas Wasser und setzte mich, und nach einer Weile kam die Frau wieder und sagte lächelnd, sie habe etwas organisiert und würde mich auch gern hinfahren.

„Sagen Sie", fragte ich, „könnte ich hier drin schlafen?"

„Ach so?" Sie stutzte und schaute sich um. „Warum eigentlich nicht."

Ich zog mir ein Glas Blutwurst, Hausschlachtung, aus dem surrenden Automaten und schaltete das kleine, schnarrende Radio auf dem Fensterbrett ein; die Wirtin kam mit frischem Brot und versprach, mit ein bisschen Glück könne man abends vor der Hütte die Wildschweine sehen. Ich aß in aller Ruhe, im Radio spielten sie nacheinander „Wonderful world" und „Don't worry, be happy", ihr Mann schaute auf dem Weg vom Schweinefüttern vorbei, hieß mich willkommen und bot an, mir ein Feldbett aufzustellen. Ich lehnte dankend ab, rollte meine Isomatte und den Schlafsack auf dem Boden aus und ging noch einmal nach draußen, es war mittlerweile dunkle Nacht, die Sterne funkelten, und mit der Taschenlampe fand ich den Rundweg, der um den Ort führte. Auf einer Anhöhe, zwischen Feldern und Wald, tat sich der Blick über das Dorf auf – eine Hand voll dahingewürfelter Lichter. Ich stellte mich auf eine Bank und schaute dem Treiben über mir zu: Dicht über dem dunklen Berg schwebte riesig der Große Wagen, die Milchstraße spannte sich wie ein stilles Band über die Nacht, blinkende Flugzeuge kreuzten den Himmel, und während ich da stand und mit Dampfwölkchen vor dem Mund in das gesprenkelte Unendlich hinaufschaute, erschienen vier Sternschnuppen; die erste zog eine lange Bahn über meinen Kopf, ehe sie erlosch, die zweite blitzte nur kurz vorüber, die dritte streifte den Himmel als matter Lichtpunkt, und die vierte stürzte hell und fast senkrecht auf die Berge zu.

Ich stapfte den Feldweg weiter und leuchtete mit der Taschenlampe eine große Silhouette an, die plötzlich vor mir auftauchte, ich erschrak: Es war ein Traktor, der da mitten in der Landschaft parkte, ich machte einen Bogen um ihn, knipste die Lampe wieder aus und ging, den Rundweg entlang, wieder bergab ins Tal. Während ich mich dem ersten Haus näherte, erschien am Himmel Sternschnuppe Nummer fünf.

22

Es war ein eisblauer Morgen, die Wiesen überzogen von Raureif, die Pfützen mit einer brüchigen Kristallschicht bedeckt. Während ich ging, hörte ich die Eichelhäher meckern und schnattern, ich hatte schlecht geschlafen in der Vesperhütte, das Surren und das Neonlicht des Snackautomaten hatte mir die Träume vermiest. Es dauerte, bis die Körperwärme bis in die Fingerspitzen strömte und die Schwere aus den Beinen wich; als es aber so weit war, genoss ich die wärmende Sonne, das Grün der Täler und das Blau des Himmels, tauchte wieder tiefer in den Wald ein, hörte einen Bach, wie er sich glucksend den Weg durch den moosigen Waldboden bahnte, zu Füßen der schweigenden Tannen und der Farne.

Ich kam durch ein Dorf, in dem ein Hund mir knurrend und bellend an den Fersen folgte. Kurz nach dem Ortsausgang bemerkte ich, dass ich auf dem falschen Weg war, längst hätte abbiegen müssen, aber aus Angst vor dem Hund ging ich nicht einfach zurück, sondern schlug einen Bogen um das Dorf ein, querfeldein, geriet in immer höheres Gras, tappte in Pfützen hinein und musste mich über einen Stacheldrahtzaun hangeln, ehe ich auf dem richtigen Wanderweg war.

Am frühen Nachmittag machte ich Rast in Haina, einem Kloster aus dem 15. Jahrhundert, hinter dessen Mauern heute psychisch Kranke leben. Ich ging in das Café, das auch für Museumsgäste und Durchreisende offen stand, setzte mich auf eine Eckbank unter dunkel vertäfelten Wänden, dicker Qualm füllte den Raum, und durch die staubigen Fenster sah man, dass draußen die Sonne schien; aber die Hängelampen brannten. Unter einer Vitrine voller

Pokale saß ein junger Mann, Mitte zwanzig vielleicht, mit wuscheligen schwarzen Haaren, in einem ausgebeulten grauen Trainingsanzug, über den Tisch gebeugt; ihm gegenüber lehnte sich ein anderer – vielleicht zehn Jahre älter, Dreitagebart, Typ Sozialarbeiter, vermutlich sein Besucher – zurück und rauchte.

„Die Leute sind ja ganz nett hier", sagte der Jüngere langsam, mit Frankfurter Akzent, „aber die Pfleger, was die für eine Art an den Tag legen, da kann isch gar net druff."

Der andere nickte stumm und zog an seiner Zigarette.

„Mit mir gehen sie ja nicht so um, nur mit den Kranken. Wie sie die anmachen, nur weil die sich das Sabberlätzchen voll spucken. Wenn die sich nur wenigstens wehren könnten."

„Du regst dich doch auch manchmal auf", brummte der andere, „beim Fußball, mit deinem sizilianischen Temperament."

„Hier, übrigens, gerade sind ja zwei sizilianische Mannschaften aufgestiegen, Messina und Palermo. Ich sag's dir, wenn einer von denen Meister wird, tanz isch nackt uff de Straß'." Und dann, als der andere stirnrunzelnd wieder an seiner Zigarette zog: „Nee, nee, keine Sorge, das mach' ich schon nicht."

Gemünde, das Ziel des Tages, lag auf meiner angeweichten und eingerissenen Karte ganz am südlichen Rand. Morgen würde ich sie zu den anderen packen und die letzte, saubere, glänzende aus dem Rucksack nehmen können: die Karte für das letzte Wegstück, für den Endspurt. In einem der Dörfer auf dem Weg schauten zwei Männer, die bestimmt hundert Meter entfernt an einem Gartenzaun standen, zu mir rüber, und der eine von ihnen rief in schönstem Hessisch: „Junger Mann, wo soll's denn hingehen? Brauche Sie irschendwas?" Und hinter dem nächsten Zaun, an dem ich vorbeikam, schaute eine alte Frau, die in ihrem Garten beschäftigt war, zu mir auf und lächelte mich an, sie strahlte fast – das waren die kleinen Signale, die ich auf meiner Reise, allein und zu Fuß, doppelt und dreifach spürte: diese kleinen, wortlosen Botschaften, die einem in der Großstadt unmerklich die Laune aufhellen oder verderben konnten, hier war jede davon ein Ereignis.

Ich konnte mir ein kleines Lächeln nicht verkneifen; dachte an die endlosen Kilometer zwischen norddeutschen Rübenäckern, an das demonstrative Ignoriertwerden, die abschätzigen Blicke und das Aufheulen der Motoren, wenn die Sonntagsfahrer mich beinahe in den Graben fuhren. Jetzt wurde ich freundlich empfangen, und das erleichterte das Gehen beträchtlich.

Die Füße schienen sich an die tägliche Tortur gewöhnt zu haben: Der Hirschtalg, mittlerweile aus der dritten Tube, bewahrte mich vor weiteren Blasen; abends, wenn ich in irgendein Bett sank oder mich in den Schlafsack wühlte, spürte ich von den Knien abwärts ein Pochen und Glühen, das sich bis zum Aufwachen in bleierne Starre verwandelt hatte und sich dann nach den ersten Kilometern wieder verflüchtigte, ehe es sich gegen Abend als dumpfes Ziehen wieder ankündigte.

Gegen Abend kam ich in Gemünden an, einer Kleinstadt am Rand des Kellerwaldes, die sich im wieder flach gewordenen Land ausdehnte. Ich humpelte eine Weile an großen Straßen entlang, folgte schließlich einem Hinweisschild auf ein Gasthaus mit „Kulturbühne" am Bahnhof, das klang mir ganz nach einer willkommenen Abwechslung, nach jungen Leuten und engagierter Küche, und so war es dann auch. Ich aß Vollkornnudeln und trank ein Glas Weißwein dazu, setzte mich an den Tresen, gegen das Alleinsein, und verschwand nach einem kurzen Plausch mit Klaus, dem Wirt mit dem blonden Pferdeschwanz, in mein Nachtlager. Sie hatten einen echten Mitropa-Schlafwagen im Garten stehen, ich bezog eines der Abteile und sah mein rauschebärtiges Gesicht im Spiegel über dem Waschbecken; der kleine Elektroofen, den sie mir hingestellt hatten, glühte die ganze Nacht, und das war bitter nötig, denn schon draußen auf dem Gang war die Luft eiskalt geworden.

Bibbernd hievte ich mich bei Tageslicht aus meinem Abteil,

ich war bereit zu gehen und mich warm zu laufen, richtig früh Strecke zu machen, vielleicht bis Marburg, das waren gut fünfundzwanzig Kilometer, keine außergewöhnliche Tagesetappe – aber Klaus lud mich ein, zum Frühstück zu bleiben, und solche Angebote schlägt man nicht aus.

Da saßen wir in seiner Gaststube und aßen Müsli und frisches Brot; er freute sich über die Gesellschaft und reichte mir immer neue Brotscheiben und den Käseteller; seit er den Schlafwagen habe, seit einem Jahr, lerne er mehr Leute kennen als früher, erzählte er, und beim Frühstücken lerne man die Leute anders kennen als abends bei Hochbetrieb in der Kneipe, und deshalb hatte er irgendwann entschieden, mittags den Betrieb geschlossen zu lassen, damit beim Frühstück genügend Ruhe für ausgedehnte Schwätzchen blieb.

Gerade wollte ich mich bedanken und auf den Weg machen, schon reichlich später als geplant, da kam ein Freund von Klaus dazu: ein Kollege aus dem Vorstand des Kulturvereins, mit einer Tüte frischer Brötchen in der Hand. Er trug einen noch viel längeren Zopf als Klaus, dazu einen dichten grauen Vollbart um die hageren Wangen, von seinem Körper hing eine bunte, in allen Farben des Regenbogens gestreifte Strickjacke, und um seinen Hals schlang sich ein violettes Tuch. Er sprach in fröhlichem kölnischen Singsang.

„Sobald du ein Licht anmachst“, sagte er, während er sich ein Brötchen aufschnitt, „hat die Dunkelheit keine Chance mehr.“ Er sprach viele solcher Weisheiten aus, und nach jedem Satz machte er eine kurze Pause und wartete mit leuchtenden Augen, bis seine Botschaft angekommen war.

Das Wandern, ja, das sei jedes Mal eine Reise nach innen, und bei manchen Menschen täten sich da Abgründe auf; aber ein guter Weg sei es in jedem Fall, mutig an die eigenen Grenzen zu gehen, „und dabei stellt man dann fest: Die Grenze verlagert sich immer mehr nach außen.“

Er strich sich Brombeermarmelade aufs Brötchen und fuhr mit beseeltem Lächeln fort. Die meisten Menschen trauten sich nicht, ihre Möglichkeiten auszuschöpfen, aus Angst, sich auf das Ungewisse einzulassen, aus Mangel an Vertrauen auf das Gute. „Wenn man sich als Plan für unser Leben einen schönen Baum vorstellt", sagte er und umriss mit der Hand in der Luft eine Baumkrone, „dann haben manche gerade drei, vier Blättchen und lassen den Rest verkümmern."

Am 1. März 1978, erzählte er, sei er wach geworden; da habe er auf ein Mal gemerkt, worum es ging. Er hatte jahrelang als Elektroingenieur gearbeitet, „und plötzlich wurde mir klar, dass ich nur noch den Elektronen nachjagte." Er lachte kurz auf. „Ich bin gläubiger Christ. Und an dem Tag habe ich mich einfach einmal mit Jesus unterhalten. ‚Sag mal', habe ich ihn gefragt, ‚du wolltest doch, dass wir glücklich sind auf der Erde. Und nun habe ich einen so schweren Rucksack zu tragen, was mache ich damit?'"

Er hatte große Augen und Lachfältchen. „Und weißt du, was Jesus gesagt hat? Er hat gesagt: ‚Na, dann schmeiß ihn doch einfach weg.' – ‚Gute Idee', habe ich gesagt." Er lachte wieder auf. „Da hab' ich ihn weggeschmissen."

Er fing an, in der Abendschule Sozialpädagogik zu studieren, um von der Elektronenjagd loszukommen, und verdiente sein Geld, indem er Folientastaturen entwickelte. „Und als alles fertig war, haben sie mich rausgeschmissen." Er lachte wiehernd auf. „Da habe ich gesagt: ‚Ja, das wusste ich schon, ich habe das nämlich geträumt.'" Nun war er neunundfünfzig, lebte in Nordhessen, weil ihm das überbevölkerte Köln zu anstrengend geworden war, und verdiente sein Geld als Sozialpädagoge.

„Wir sind versorgt", sagte er, „wie Lilien auf dem Felde. Ein bisschen muss man sich auskennen im Neuen Testament. Die Vögel sind versorgt, die Blumen blühen, einfach so. Warum nicht auch wir? Wir sind Teil der Natur. In unserer Gesellschaft wirst du erst mal klein gemacht, du wirst ängstlich. Dabei haben wir so viele Möglichkeiten; wenn wir nur darauf vertrauen, dass wir aufgefangen werden."

Es war kurz nach ein Uhr mittags, als ich loskam: Stunden später als geplant, wie so oft auf meinem Weg, wenn sich am Morgen ein Gespräch entspann, das ich keinesfalls abrupt abbrechen konnte, nur weil soundso viele Kilometer zu schaffen waren. Diese Art zu reisen machte willensschwach – die Uhr an meinem Handgelenk hatte von Tag zu Tag weniger Einfluss auf mich; mittlerweile war sie auch von innen beschlagen, vom Schweiß getrübt. Und einmal war sie unterwegs auch schon stehen geblieben.

Die Hoffnung, Marburg noch zu erreichen am diesem Abend, war schnell dahin, es wäre ein Gewaltmarsch geworden. Von Gemünden aus ging ich hügelan auf einem Grasweg durch die Felder, zog den Fleecepullover aus, weil es warm wurde im Sonnenlicht, und setzte mich auf eine Bank am Rand einer Weide, auf der zwei zottelige braune Rinder beim Grasen innehielten und mich anstarrten. Ich packte das Käsebrot aus, das ich mir an der Frühstückstafel noch eingesteckt hatte, und schaute zurück ins Tal, wo die letzten roten Dächer von Gemünden aus dem Grün hervorlugten. Bestenfalls eineinhalb Kilometer hatte ich gerade zurückgelegt.

Der Nachmittag im Wald verging schnell; auch meine großen Schritte konnten nicht allzu viel wettmachen, und so gönnte ich mir manche Pause. Über einer großen Lichtung, auf der eine Weide abgezäunt war, sah ich zwei mächtige Raubvögel kreisen, stand lange da und schaute ihnen zu, es hätte ohnehin keinen Sinn mehr gehabt, sich zu beeilen; ich sah, wie sie ihre Schwingen ausbreiteten und am Himmel fast stehen blieben, sich dann zur Erde stürzen ließen und kurz vor dem Boden wieder beidrehten.

Eine diesige Dämmerung hatte sich schon breit gemacht, als ich ein Dorf namens Schönstadt erreichte, es war der erste größere Ort am südlichen Rand des Burgwaldes und höchste Zeit, ein Nachtquartier zu suchen. An einer Plakatwand warb die Lokalzeitung für eine „große Serie zum Wandel der Bevölkerung"; vorne auf dem Foto standen vier Kinder, dahinter eine Reihe junger Leute, und im Hintergrund sehr viele Alte; eine schwer zugespitzte Alterspyramide.

„Hallo! Suchen Sie eine Freundin?" Drei Mädchen steckten da am Straßenrand die Köpfe zusammen, kichernd, sie waren vielleicht vierzehn.

„Nein", sagte ich, „ein Zimmer."

„Wohin wollen Sie denn noch gehen?"

„Nach Frankfurt."

„Sind Sie ein bisschen verrückt?"

Die Mutter von einer der drei kam die Straße herunter, wohl um nach dem Rechten zu sehen. Sie hörte von meinen Plänen und fragte, ob ich mich schon mit den Sehenswürdigkeiten Schönstadts beschäftigt hätte; mit der Prominenz beispielsweise. „Die Bethmannbrüder leben hier. Bethmanns, von der Bethmannbank in Frankfurt. Sie kennen die Bethmannbank nicht? Also, das ist aber eine Bildungslücke. Die kennt doch jeder!" Viele aus der Gegend, erzählte sie noch, arbeiten in Frankfurt; warum nicht, das seien gerade mal hundert Kilometer, eine Stunde mit dem Auto.

Hundert Kilometer. Gerade mal noch vier, fünf Tage. Ich war so gut wie zu Hause.

Ich versprach, mich gern mit der Geschichte Schönstadts und der Bethmannbank auseinander zu setzen, und fragte nach einem Gasthaus. Sie schüttelte den Kopf. Das eine der beiden im Ort habe gerade geschlossen, und das andere biete keine Zimmer mehr an. „Wo wäre denn dann das Nächste?", fragte ich, nicht ohne die Hoffnung, zumindest eine Ecke in irgendeiner Scheune angeboten zu bekommen; aber sie verwies mich an ein „Chausseehaus“, einige Kilometer die B 3 runter, dort würde ich mit Sicherheit unterkommen.

„Sie können sonst auch bei Porno-Peter übernachten“, riefen die Mädchen mir noch nach und kicherten wieder.

Eisige Luft senkte sich mit der beginnenden Dunkelheit über das Land. Mit Dampfwölkchen vor dem Gesicht, die Hemdsärmel über die klammen Hände gezogen, stapfte ich die Dorfstraße entlang auf die B 3 zu, die ich schon hörte mit ihrem Getose; in dichter Folge sah ich Scheinwerfer vorbeiblitzen. Auf der Einfahrt eines Bauernhofes stand ein Traktor mit laufendem Motor; ich ging dem Schweinwerferlicht entgegen und fragte den jungen Bauern nach einem Fußweg zum Chausseehaus.

„Da gibt's keinen. Entweder die B 3 lang oder über unbeleuchtete Äcker. Das Beste ist, Sie gehen zurück in den Ort und trampen.“

Ich zog mir den Fleecepullover über, knipste die Taschenlampe an und ging zur B 3.

Als gerade nichts vorbeiraste, lief ich auf die andere, die linke Straßenseite. Zwischen Asphalt und Graben war ein schmaler Streifen Grün, das könnte gehen. Tief Luft holen und los.

Sie kamen mit Fernlicht an, Traktoren, riesige Lastzüge, tiefer gelegte Golfs und Opels. Ich sah nicht, wie weit der schmale Grünstreifen noch reichte; auf dem Asphalt weiterzugehen wäre selbstmörderisch. Im Zweifelsfall zurück. Bei der fürsorglichen Mutter oder bei dem jungen Bauern in Schönstadt um Asyl betteln. Nicht nachdenken, einfach geradeaus schauen und durch. Manchmal kam ein Auto ganz nah an mich herangerast, dann machte ich einen Schritt nach links, ein Stück hinab in den Graben, und dann wieder rauf und weiter, bis das nächste Auto kam. Mit dem Taschenlampenkegel, starr auf den Boden vor mir gerichtet, auf die fahlen Grashalme und den weißen Randstreifen, versuchte ich einen Abstandhalter-Kreis um mich zu ziehen; bei manchen half es.

Ganz hinten, in der nächsten Rechtskurve, sah ich zwei Rücklichter leuchten; da war offenbar ein Feldweg, eine Einmündung, jemand wollte in die Bundesstraße einbiegen.

Es ist doch frei, warum fährt der nicht?

Ich kam näher, der Wagen blieb stehen, die roten Lichter strahlten scharf in die Nacht.

Bestimmt die Polizei, jetzt holen sie dich. Mit Recht.

Neben dem Auto erkannte ich die Silhouette eines Mannes, Dampfwölkchen atmend, die Hänge in den Jackentaschen. Im Streulicht der vorbeiziehenden Scheinwerfer blitzte ein Lächeln auf.

„Ich bin's", sagte die Silhouette, „erkennst du mich?"

Die Silhouette sprach kölschen Dialekt, trug Vollbart und Zopf. Es war Reinhard, der Erleuchtete vom Frühstück.

„Mensch, ich fahr hier auf dem Weg von der Arbeit die B 3 runter und sehe da so eine Type am Straßengraben langmarschieren, das kann ja nur einer sein, dachte ich mir. Wo willst du hin, zum Chausseehaus? Steig ein, ehe du noch überfahren wirst. Das ist doch lebensgefährlich, was du hier machst!"

Zum zweiten Mal auf der Reise, nach der Treckerfahrt am Tag der Deutschen Einheit, ließ ich mich mitnehmen, einen knappen Kilometer; sich einer solchen Fügung zu widersetzen wäre die größte erdenkliche Dummheit gewesen. Ich ließ mich in den Beifahrersitz fallen und schlug die Tür zu.

„Na", sagte er grinsend, während er den Motor anließ, „was habe ich dir heute morgen gesagt? Irgendwer fängt dich immer auf."

23

Erstaunlich ausgeruht wachte ich in einem knarrenden Bett auf; bis auf die bleiernen Füße war der Körper voller Tatendrang. Ich hatte von Ralph und seinen Eltern geträumt, es war ein schneller, bunter Traum, ich hatte sie in ihrer Wohnung in Eschborn gesehen, mit dem dunkelgrünen Teppichboden im Wohnzimmer, auf dem wir als Jungs in Strumpfhosen herumgerutscht waren – in Strumpfhosen! – und mit der Playmobil-Ritterburg gespielt hatten, um die ich Ralph immer beneidet hatte. Ralphs Vater mit der strengen Stimme und seine Mutter mit dem hellen Lachen – nichts hatte sich verändert in meinem Traum seit dem letzten Mal, als ich dort gewesen war, vor elf Jahren.

Ich stand auf und warf alle Pläne von weiteren Umwegen und Abstechern über Bord; beschloss, nun den direkten Weg zu gehen: Marburg, Gießen, Frankfurt, Eschborn, geradeaus Richtung Süden. Ich war nicht mehr irgendwo in Deutschland, sondern beinahe zu Hause. Los, geh direkt hin, mach keine Abschweifungen mehr, worauf wartest du?

Und doch kam ich wieder später los als geplant; der Wirt faszinierte mich beim Frühstück mit der Geschichte seiner Krankheit, der er trotzte und über die er einfach hinweglebte, und gemeinsam mit der Frau den Betrieb aufrechterhielt. Seine beiden Söhne waren bestens versorgt – als Physiker und Mediziner, auch dieses Gasthaus würde also in der nächsten Generation wohl schließen. Aber er wollte sich nicht kleinkriegen lassen von Morbus Bechterew, der Rheumaerkrankung, die seine Wirbelsäule hatte steif werden lassen; er hievte sich jedes Mal schweren Schrittes von der Küche zum Tisch und zurück, sein Gesicht war hager und eingefallen; aber das Lächeln, so mühsam er es sich auch abrang, ließ er sich nicht nehmen.

„Es gibt einen Satz, der alles sagt", erklärte er: „Vertraue und glaube. Es hilft, es heilt die göttliche Kraft." Die Weisheit stammte von einem Wunderheiler namens Bruno Gröning, der in der Nachkriegszeit Furore gemacht hatte, und seine eigene Lebensgeschichte konnte sie nur bestätigen.

Es war vor mehr als zehn Jahren, da lag er zeitweise nur noch unter Schmerzmitteln im Bett, und der Arzt sagte zu seiner Frau: „Pflegen Sie ihn noch, halten Sie durch, es dauert nicht mehr lang." Sie hievte ihn ins Auto und fuhr ihn an den Bodensee, zu einem ehemaligen Sparkassenangestellten, der seinerzeit als Krebspatient im Schlafanzug aus der Klinik geflüchtet war, sich mit der Wünschelrute Teemischungen zusammengestellt, seine Ernährung umgekrempelt und sich auf diesem Weg selbst geheilt hatte. Es sei zwar spät, hatte er verkündet, als sie ankamen; aber nicht zu spät.

„Die wichtigste Erkenntnis war die", sagte er, mit dem Arm auf den Frühstückstisch gestützt: „Wahre Hilfe kommt von innen." Nach seinem Besuch bei dem Heiler hatte er bald wieder anfangen, im Gasthaus zu arbeiten.

„Ein Mensch kann vier bis sechs Wochen ohne Nahrung überleben, sieben bis zehn Tage ohne Wasser und eine Viertelstunde ohne Luft. Aber dann gibt es da noch den Faktor X, das ist die Lebenskraft. Wenn die auch nur für den Bruchteil einer Sekunde aus dem Körper verschwindet, dann ist er tot. Das begreifen die meisten Menschen nicht."

Er lächelte. „Setzen Sie sich morgens einfach mal hin auf Ihren Stuhl, die Hände auf die Oberschenkel, und hören Sie nur in Ihren Körper hinein. Machen Sie sich frei von allen Krankheitsgedanken; von solchen Sachen wie ‚Ich bin, ich habe ...'; all diese Dinge lassen Sie völlig los, und denken Sie an etwas Schönes. Hören Sie klassische Musik dabei, stellen Sie einfach eine schöne Blume vor sich hin. Und dann kommt es, dann erfahren

Sie Ihren Körper, dann spüren Sie ein Pulsieren in all den Organen, in denen schon eine Krankheit gesteckt hat."

Auf die Weise, sagte er, habe er sein Leiden so weit unter Kontrolle gebracht, dass er die Krücken fortwerfen konnte. Aufs Geschäft hatte sich das allerdings nicht nur positiv ausgewirkt; viele Gäste trauten sich oft nicht, eine neue Runde Getränke zu bestellen, aus Angst, sie würden ihn überfordern. „Wenn ich so etwas bemerke, sage ich dann immer: ‚Keine Sorge, ich mach' meine Gymnastik beim Servieren.'"

Es war wieder einmal Mittag, als ich loskam; bei Tageslicht war die B 3 schon leichter zu ertragen, und bald erreichte ich Cölbe, eine Kleinstadt, die damit warb, „Mittelpunkt der Europäischen Union" zu sein. Wenn die Türkei beitritt, dachte ich, könnt ihr die Schilder abnehmen.

Noch ein Stück Waldweg, und ich war in Marburg – „Universitätsstadt", wie das gelbe Ortsschild verhieß. Das Stadtzentrum war voll von Fachwerk und steilen Pflasterwegen und jungen Menschen. Am Springbrunnen gegenüber dem Rathaus stand ein buntes Grüppchen mit bemalten Gesichtern; sie hielten ein Pappschild hoch: „Wir sind bestechlich." Ich hatte gehört, dass Marburg seinen Studenten mittlerweile ein „Begrüßungsgeld" zahlte, wenn sie ihren Erstwohnsitz in die Stadt verlegten.

„Wogegen protestiert ihr?", fragte ich ein Mädchen mit schwarz gefärbten Haaren und Nietenhalsband und allerlei Piercings.

„Nein, nein", sagte sie und lachte, „wir machen die Erstsemester-Rallye."

Es waren Psychologiestudenten, die den Tag damit verbrachten, die Neuzugänge ihrer Fakultät durch die Stadt zu scheuchen, auf dass sie sich von Passanten Fingerfarbabdrücke verschiedener Körperteile besorgten und damit vor der Jury wieder zusammenkamen und sich ihre Punktzahl geben ließen, unter großem

Hallo. „Was ist denn das hier", hörte ich einen der Älteren in die Runde fragen, „ist das eine Arschbacke?"

Nebenan standen Germanistikstudenten und hielten unter großem Gelächter Predigten über Mario Adorf und Marihuana; die ganze Altstadt war wie ein großes Spielfeld für Erstsemester: Überall kamen sie aus Gassen und Ecken hervorgewuselt, in Grüppchen, allein, bunt bemalt im Gesicht, mit ans Bein gebundenen Luftballons, die Schuhe ihrer Tutoren küssend.

„Nett hier", sagte ich.

„Marburg ist eine Sumpf-Uni", sagte Basti, einer der Fünftsemester in Psychologie. „Wer einmal hier war, kommt von der Stadt nicht mehr los."

Er war schon als Schüler aus dem Ruhrgebiet hergekommen, weil Marburg eine der größten Schulen für Sehbehinderte in ganz Deutschland hat. Er habe nur rund zehn Prozent Sehkraft, erklärte er; man sah es ihm auf den ersten Blick nicht an, er trug keine Brille und bewegte sich scheinbar sicher.

„Kommst du heute Abend mit auf die Burg, zur Erstsemesterfeier?", fragte das Mädchen mit den schwarzen Haaren.

„Gern", sagte ich, „sobald ich in der Jugendherberge eingecheckt habe."

„Kannst bei mir pennen", sagte Basti.

Ich freute mich auf eine Partynacht, nach all den Wäldern und Dörfern und Kuhweiden, schlenderte durch die schönen Altstadtgassen, trank Kaffee und schrieb E-Mails an die Lieben daheim, gesellte mich in der Dämmerung wieder zu den Psychologen am Brunnen und folgte der mittlerweile großen Meute; mit Fackeln ging es im Dunkeln den steilen Kopfsteinpflasterweg zur Burg hinauf.

Oben tat sich ein großartiger Blick auf die Stadt auf, die sich mit ihren Lichtern in die Talsenke bettete; Autoscheinwerfer schwirrten wie Glühwürmchen durch die Straßen, die Geräusche der Stadt waren fern.

Vor der prächtigen Kulisse wurden Bekanntschaften geschlossen, kreuz und quer, mit Glühwein in Pappbechern auf die beginnende Studienzeit angestoßen, Geschichten über die Heimatdörfer und -städte ausgetauscht.

„Ich fahr' Weihnachten wohl mal nach Hause", sagte einer, „vorher mit Sicherheit nicht mehr."

„Ach", sagte Steffi, eine Blonde mit feinen Gesichtszügen, das Haar mit kleinen Spangen hoch gesteckt, wie sie da auf der Mauer saß, hinter ihr die nächtliche Kulisse der Stadt, „ich freu' mich richtig auf die nächsten Jahre."

Es begann zu nieseln, Pläne für den weiteren Abend wurden geschmiedet; der Regen wurde stärker, und die Feiergemeinde zerfiel in Grüppchen, „wir sehen uns in der Zwei-Bar", rief mir Basti, mein Gaastgeber, noch zu und verschwand.

Ich schloss mich Steffi und ihrer neuen Freundin Katrin an und landete durchnässt an einem kleinen, dicht umdrängten Tisch einer Kellerbar, auf deren Klowänden die ganze Palette an Parolen stand, von „Anarchy instead of capitalism!" bis hin zu „De Äppelwoi geht immer nei". Ich saß neben Katrin, einer 21-Jährigen mit lockigem Haar und Brille, die gern redete; sie erzählte viel von ihrem Jahr in einem Krankenhaus in Bolivien. Eine Bolivianerin hatte sie gefragt: „Hast du Familie? Nein? Keinen Mann, keine Kinder?"

„Da habe ich erkannt, wie toll es ist, in einem Land zu leben, in dem ich mir aussuchen kann, wen ich heirate – und wann. Ich bin jetzt einundzwanzig, ich will erst einmal studieren und meinen Weg machen."

Einige in der Runde nickten zustimmend, die meisten waren sich einig: Kinder und Familie – ja, aber nicht in dieser Zeit: „Ich will doch keine Kinder in die Welt setzen und dann nicht wissen, wie ich sie ernähren soll. Diese Entscheidungsfreiheit ist nicht immer nur toll. Man hat ständig Angst, die falsche Entscheidung zu treffen."

Deutschland sei ein wahnsinnig trauriges Land, hatte die bolivianische Oberschwester immer zu ihr gesagt: „Da gehst du auf die Straße und siehst nur alte Leute, keine Kinder."

Die Bar, in der wir die anderen trafen, war voll von schwitzenden Menschen; wir drängelten uns ohne Umwege zur Tanzfläche, ich sah Basti, meinen Gastgeber, alles klar, stellte meinen Rucksack in eine Ecke, legte den Fleecepullover darauf und ging tanzen, vergaß schnell das leichte Unbehagen über meine Wanderstiefel und das schmutzige Hemd, trank ein Bier und noch eins, sie spielten Queens Of the Stone Age und The Streets und White Stripes, die Menge begann zu springen und sich ein bisschen zu schubsen, und ich stürzte mich in die Pogo tanzende Menge und sprang und schob mit – es war großartig nach all den Abenden in einsamen Dorfgasthäusern und auf Strohballen. Bei „Sabotage" von den Beastie Boys bekam ich einen Ellbogen ans Kinn, egal, weitertanzen, ein Mädchen zupfte mich am Ärmel, „pass auf", sagte sie. Ich war glücklich, sah die roten Wände und meine Psychologenfreunde, wir prosteten einander zu und lachten und tanzten zur Musik, sie spielten Seeed und Cypress Hill, „Insane In the Brain". Die Leute feierten sichtlich ohne jene Angst, sich eine Blöße zu geben, diese abgeklärte Haltung aufzugeben, die oft das Partyklima in Städten wie Hamburg beherrscht: mit den skeptischen Blicken bei jedem neuen Lied. Keiner stand still, alles bewegte sich; Haare flogen durch die Luft, in mein Gesicht, ich spürte verschwitzte Arme an meiner Haut und die Musik überall; ich schaute in die Runde, irgendwann war von den Mädchen nur noch Steffi übrig, die Blonde mit den Haarspängchen, umtanzt von fünf Jungs, einschließlich mir, und das war beachtlich bei einer Gruppe von Psychologiestudenten, unter denen die Frauen so in der Überzahl waren.

Eine Dunkelhaarige sprach mich an, schlug vor, wir könnten uns gegenseitig fotografieren mit unseren kleinen Kameras, und die beiden DJs fingen an, Ska aufzulegen, und die Menge wurde wieder wilder, wir verloren uns auf der Tanzfläche, und nach drei, vier weiteren Liedern schaute ich mich um, aber da war kein bekanntes Gesicht mehr.

Ich streifte durch die Menge, die sich mittlerweile gelichtet hatte; suchte Basti, sah einen Jungen, der von hinten aussah wie er, aber einen Bart trug; Basti war weg, wie alle anderen auch, ich hätte ihn nicht so lang aus den Augen lassen sollen – hatte er mich vergessen?

Zehn Prozent Sehkraft, hatte er gesagt.

Womöglich war er durch den Laden geirrt und hatte mich gesucht und irgendwann gedacht, ich sei mit irgendwem anders verschwunden, nun war er weg, alle anderen auch, und ich kannte niemanden mehr.

Ich nahm meinen Rucksack und warf noch einen Blick zurück; ein paar knutschende Paare lehnten sich an den Tresen, andere redeten und rauchten, es war eine große Party gewesen, und plötzlich war ich wieder allein. Ich ging nach draußen, die Nacht war kühl und feucht und frisch; ich sah die Laternen im Nieselregen, ein paar Autos rauschten vorbei, die Ohren waren ein bisschen taub, der Hals trocken von der verrauchten Luft; es war vier Uhr morgens, wohin jetzt?

Oberhalb der Innenstadt ging es den Hügel hinauf, dort waren die Studentenwohnheime, das hatte ich beim Ankommen gesehen, dort ging ich hin, ohne genau zu wissen, worauf ich dort hoffen sollte: vielleicht eine neue Party, neue Freunde, durchmachen, im Morgengrauen einfach aufbrechen und die Stadt verlassen und weitergehen?

In einem der Wohnheime brannte Licht im zweiten Stock, Musik wummerte herunter, unten die Haustür war offen, tatsächlich, ich ging hinein, und im Vorraum saßen vier Jungs um einen Couchtisch, der übersät war von Bierflaschen; zwei der Jungs hingen müde in den Polstern, die beiden anderen diskutierten lebhaft.

„Wisst ihr, ob's hier irgendwo eine freie Couch gibt?", fragte ich in die Runde. Sie schauten mich an mit meinen Stiefeln und dem Rucksack, „setz dich, Mann", sagte der eine, und machte mir ein Bier auf. „Woher kommst du denn?"

Sie hörten sich ungläubig meine Geschichte an, stießen ihre Bierflaschen an meine, und nach einer Weile schienen sie zu begreifen. „Oben ist eine bulgarische Party", sagte einer, „vielleicht kannst du nachher da schlafen."

Er hieß Hakan, war einundzwanzig und trug die schwarzen Haare schulterlang; er war in Sulzbach aufgewachsen, einem Nachbarort von Eschborn, und nach Marburg gekommen, um Jura zu studieren. „Marburg ist chillig", sagte er, „du triffst coole Leute. Die Jungs hier habe ich neulich an der Tanke kennen gelernt."

Seine eigentliche Leidenschaft sei das Theaterspielen, sagte er dann, er hatte schon in vielen Laienaufführungen mitgespielt, seine letzte Rolle war der Hunnenkönig Attila gewesen, und er träumte davon, irgendwann im Leben so etwas wie einen Tarantino-Film zu machen.

„Warum studierst du dann Jura?", fragte ich ihn.

„Das begreifen viele Deutsche nicht", sagte Hakan. „Weißt du, meine Eltern haben so viel Energie in mich gesteckt, ich will sie glücklich machen, ich will nicht, dass sie an ihrem Lebensabend in Sorge um mich sind. Verstehst du das?"

Ich nickte.

„In der türkischen Kultur", erklärte er, „setzt du alles daran, deine Familie nicht zu verletzen, das gehört zum guten Benehmen. Es ist nicht so eine Egogesellschaft wie die deutsche. Wenn du in der Türkei einen alten Mann auf der Straße siehst, dem es schlecht zu gehen scheint, dann gehst du zu ihm und fragst ihn: ‚Onkelchen, was ist los mit dir?'"

Er nahm einen tiefen Schluck aus der Bierflasche. „Ich fühle mich gar nicht deutsch", sagte er dann, „obwohl ich hier geboren bin. In der Türkei bin ich immer der Türke, der aus Deutschland kommt, aber ich fühle mich trotzdem willkommen. In Sulzbach fragen die Leute immer: ‚Und, wie ist das bei euch zu Hause?'"

Es war halb sechs, ich wollte nur noch schlafen, nichts mehr reden, kein Bier mehr trinken. „Weißt du was", sagte Hakan, „wenn du willst, kannst du nachher bei mir pennen."

Sie hatten sich fest vorgenommen, nicht das Feld zu räumen, ehe nicht das letzte Bier geleert war; ich opferte mich und half mit.

Es war sieben Uhr morgens, als wir uns die Treppe hinaufschleppten, „mein Zimmer ist aber echt winzig", sagte Hakan immer wieder, „und total unordentlich." Es schien ihm tatsächlich unangenehm zu sein, aber ich war voller Dankbarkeit und Müdigkeit und sonst nichts.

Es war ein winziger Raum, quadratisch geschnitten, der Boden übersät mit Klamotten; er schenkte mir Eistee ein und reichte mir Kekse, zog eine Gästematratze unter dem Bett hervor und legte sie daneben, damit war das Zimmer voll bis auf den letzten Zentimeter. „Verdammt", sagte er, „kannst du hier schlafen? Es ist echt unordentlich."

„Hakan", sagte ich und schlüpfte in den Schlafsack, „du glaubst gar nicht, wie großartig dein Zimmer ist." Dann schlief ich ein.

24

Es ist ein guter Weg, zu Fuß eine Stadt zu verlassen, wenn du gerade gespürt hast: etwas hält dich da, hier könntest du leben. Du gehst an einem Fluss entlang, durch Wind und Wolken, und der Himmel ist nicht kleinlich und eng, sondern offen und für alle da. Dein Hosenbein streift nasse Brennnesseln, es riecht nach Erde und die Welt hat noch so viel zu bieten. Der Strudel, der dich in ein süßliches schwarzes Loch ziehen wollte, ist besiegt, und du weißt, da vorne im Leben werden noch ganz viele davon kommen.

Ich war am frühen Nachmittag aufgewacht und noch mit Hakan in die Stadt gegangen. Er hatte sich noch hundertmal entschuldigt für sein kleines, chaotisches Zimmer und sich lang gegen meine Einladung in die Dönerbude gesträubt, ehe er sich erweichen ließ. „Du bist echt cool", sagte er, „du bist wie ein Türke", und das hat mich dann doch sehr gefreut. Wir waren den ganzen Nachmittag durch die Stadt geschlendert, und ab und zu kamen Leute entgegen, die er kannte, und jedes Mal, wenn Frauen dabei waren, stand er wie angewurzelt da und brachte kaum einen geraden Satz heraus. Er sei so schüchtern, hat er mir gestanden, als wir weitergingen; „Hakan", sagte ich, „hast du nicht gemerkt, wie die auf dich stand?" Am Abend waren wir noch auf zwei Partys gegangen, hatten ein paar von den charmanten Psychologinnen getroffen, und es war wieder spät geworden. Aber nach der zweiten Nacht, in der Hakan mir Asyl in seiner Studentenbude gewährt hatte, stand ich dann tatsächlich um neun auf und ging ohne Umschweife los.

Der Weg führte immer an der Lahn entlang, dem Fluss, den Marburg und Gießen gemeinsam haben, Streckemachen war angesagt, kurze Pausen, nicht vom Ächzen der Füße beeindrucken lassen. Am Wegrand standen Messingtafeln, die das Sonnensystem erklärten; für jeden Planeten eine, alle paar hundert Meter, mit Durchmesser und Anzahl der Monde und mittlerer Entfernung zur Sonne; schön, dass es so etwas gibt, dachte ich, aber was war das für ein Anlass, sich auf eine Wanderung zu machen?

Ich trug den Regen mit Fassung und lief gegen die Erschöpfung an. Der Weg war ganz eben und deshalb gut zum Streckemachen, erst die letzten Kilometer wurden wirklich quälend, als die Stadt längst begonnen hatte mit dem gelben Ortsschild, „Universitätsstadt Gießen", und darunter in Rot-Weiß: „Tollwut! Gefährdeter Bezirk".

In der Fußgängerzone warf ich einem Bettler ein 50-Cent-Stück aus meiner Hosentasche in den Hut; „danke, mein Lieber", rief er mir zu, „du beschenkst mich immer so reich." – „Ich bin zum ersten Mal hier", erwiderte ich. – „Ach so? Na, da ist aber jemand, der sieht so aus wie du, den habe ich lange nicht gesehen."

In dem Moment brausten zwei Autos mit dem Schriftzug „Military Police" und amerikanischen Nummerschildern aus einer Seitenstraße in die Fußgängerzone, mit rotierendem Rot- und Blaulicht auf dem Dach, bremsten, Männer in Tarnkleidung sprangen heraus und rannten um den Häuserblock, und nach einer Weile kamen sie gemächlichen Schrittes zurück und stiegen wieder ein. Der Bettler hatte die ganze Zeit seinen Rucksack fest umklammert, war einen Schritt auf mich zugekommen und hatte mit großen Augen in die Scheinwerfer der Militärpolizeiautos gestarrt.

Ich schlief in der muffigen Ecke eines Schlafsaals in der Jugendherberge am westlichen Ende der Stadt; zwölf Betten, vier davon belegt, und das war mehr als genug, was die Atemluft anging. Ich stand sehr früh auf und war weg, ehe ich eine Bekanntschaft hätte schließen können; ging zurück in die Innenstadt, durch die nüchterne, eckige, geschichtenlose Fußgängerzone. „Entschuldigung", hörte ich einen Mann fragen, „gibt es hier irgendwo eine Altstadt?" – „Nein", sagte der Angesprochene, ein jüngerer Mann mit Brille und Mantel, „die ist, glaube ich, zu achtzig Prozent zerbombt worden."

Ehe ich meinen Weg nach Süden fortsetzen würde, wollte ich Christian kennen lernen, den Mann, der von Gießen aus eine Skateboardfirma namens „Hessenmob" betrieb und seiner Stadt die Treue hielt, wie mir eine Freundin erzählt hatte, und das, obwohl man jemanden wie ihn dem Klischee nach doch eher in Hamburg oder Berlin vermuten würde als in Gießen, der „Stadt der ZVS-Opfer": jener Studenten, die von der zentralen Vergabestelle entgegen allen Hoffnungen einen Platz in der vermeintlichen hessischen Provinz zugeteilt bekommen hatten, weil der Numerus Clausus nicht für Heidelberg oder München reichte.

Christian wohnte mit seiner Frau in einer hellen Altbauwohnung; wir setzten uns in Retrodrehstühle an einen Couchtisch, gegenüber eine Regalwand voller Schallplatten, und er servierte mir einen Milchkaffee im Glas. „Die Stadt ist schon ein Phänomen", sagte er, „auf zwei Gießener kommen zwei Studenten. Aber du merkst davon nichts – es passiert nichts, es gibt kaum ein richtig schönes Café, in dem man sich wohl fühlt; die Nischen werden nicht besetzt. Alle beschweren sich, aber keiner macht was. Die Leute hier haben irgendwann mal entschieden, dass sie in einer Scheißstadt leben, und das kriegen sie auch von außen eingebläut, und deswegen verhalten sich auch alle so. Dabei ist es, wenn man's mal objektiv betrachten würde, gar nicht so übel hier."

Er war in Gießen aufgewachsen und wollte nie ernsthaft weg; „es ist halt mein Zuhause, ich habe das nie in Frage gestellt." Er war dreiunddreißig, machte Musik, „Brasilian Disco Boogie", hatte in der Regieassistenz bei „Being John Malkovitch" mitgearbeitet und Musikvideos für Hamburger Hip-Hop-Acts wie Eins, Zwo, Das Bo und Ferris MC gedreht und gab ein Skatermagazin heraus, in dem er Sätze schrieb wie: „Echte Werte brauchen keine Werbung. Sie leben von der Gewissheit, dass man sie sucht. Sie zu finden ist nur eine Frage des Willens, denn eigentlich kennen wir den Weg: barfuß querfeldein." Die „Hessenmob"-Skateboards, die er mit seinen Kollegen entwickelt, begann er gerade auf dem US-amerikanischen Markt zu vertreiben.

„Es hat mich nie kreativ eingeschränkt, dass ich hier in Gießen lebe", sagte er und begann sich eine Zigarette zu drehen, die Füße auf den Couchtisch gelegt, „im Gegenteil: Eine größere Stadt würde mich wahrscheinlich nur ablenken." Bei den Videoproduktionen in Hamburg hatte er jedes Mal den Tag herbeigesehnt, an dem er wieder nach Hause konnte, und dann hatte er alles daran gesetzt, noch den letzten Zug am Abend zu erwischen. „Hamburg ist so versnobt", sagte er, und ich nickte, „klar gibt es da auch ein paar sehr kreative Leute im pseudokreativen Mainstream. Aber ich mag es halt auch, wenn Kunst ein bisschen dreckig ist. Und das Sonderbare, das Erdige im Alltag fasziniert mich mehr als irgendwelche Styleparties."

Er rieb sich den Bart, der von den Wangen über die Oberlippe und auf der anderen Seite wieder herunterwuchs. „Es gibt so viele, die sagen: ‚Ach, ich muss hier raus, ich muss in eine andere Stadt.' Da frage ich mich immer: Hat dieses Gefühl nicht eher damit zu tun, dass man mit sich selbst unzufrieden ist? Aber vor sich selbst umziehen kannst du nicht. Wenn jemand mir erzählt: ‚Gießen war so Scheiße, und jetzt bin ich im Himmel' – das glaube ich nicht."

Wenn er eines Tages wegziehen würde, dann allenfalls in die USA, seiner Frau wegen. Sie war ja auch seinetwegen aus den USA nach Gießen gekommen. Er hatte eine Ausbildung zum Fotografen gemacht und dabei Katalogbilder von Campingzubehör gemacht bis zum Abwinken, und so ein Fotograf wollte er nie werden, dann eher auf dem Bau arbeiten: „Wenn ich das Medium nicht so nutzen kann, wie ich es will, dann interessiert es mich nicht."

Auf einem Musikfestival in Holland hatte er ein bisschen fotografiert und Tess, einer Gitarristin und Background-Sängerin von Sixpencenontthericher ein paar Abzüge geschickt, und dann hatten sie sich ab und zu mal eine Postkarte geschickt. In einer Phase des Suchens war er dann einmal für sechs Wochen in den USA herumgereist, durch Kalifornien, „und da war es total Scheiße, das typische Klischee-Amerika: breite Straßen, ‚Strip Malls', todlangweilig. Du denkst da, es gibt nichts außer Geschäften." Die einzige Adresse, die er hatte, war die von Tess; in Texas. Weil er sie am Telefon nicht erreichte, fuhr er einfach hin.

Sie verliebten sich. Sie sagte von sich aus: „Ich komme mit nach Gießen."

Mittlerweile war das erste Kind unterwegs. „Ich war beziehungsmäßig nie der Abenteurer", sagte er. „Die Jungs, die jeden Abend eine andere abschleppen, sind doch nicht wirklich glücklich. Wenn du mit einer Frau schläfst und ihr füreinander Gefühle entwickelt, dann ist das irgendwann deine Frau. Dem kann man nicht aus dem Weg gehen.

Diese Angst, sich zu binden", sagte er, da hätten wir Deutschen doch ein ernstes Problem; „wir müssen uns einfach mal lockermachen. Wir Deutschen haben immer Angst vor irgendwas. Deswegen sind zum Beispiel die Amerikaner die besseren Skateboardfahrer. Wenn die eine Treppe runterfahren, dann denken sie nicht lange drüber nach: ‚Oh, was ist, wenn ich da unten aufschlage.' Die fahren einfach."

Er führte mich noch durch seine Firma, ein altes Lager am Rand der Bahngleise, wo die Güterwaggons standen; in den Regalen stapelten sich Skateboards und Sweatshirts mit „Hessenmob"-Schriftzügen. „Jeder flieht so auf seine Weise irgendwie aus diesem Land“, sagt er, „und jetzt gehen noch ein paar andere Werte flöten. Deutschland ist außer bei Luxusartikeln kein gefragtes Wirtschaftsland mehr. Die Leute wollen nur noch Billig und sehen den Wert der Arbeit, die in einem Produkt steckt, nicht mehr; das merken wir auch bei Hessenmob. Wenn wir im Laden nicht billiger sind als die Amis, haben wir gleich verloren.“ Wir gingen in sein Büro, in dem drei Schreibtische mit Computern standen; er holte ein zerlesenes Buch aus dem Regal: „Small Is Beautiful – Economics as if people mattered“ von E. F. Schumacher. „Der Mensch ist definitiv gemacht, um mit den eigenen Händen etwas zu schaffen“, sagte er. „Ich bin kein Mensch, der den ganzen Monat für seine Miete arbeiten will. Und es ist mir egal, ob wir irgendwann die größte Skateboardfirma der Welt sind oder nicht.“

Zum Abschied drückte er mir einen Stapel Aufkleber in die Hand: „It's not where you're from – it's where you're at.“

25

Noch drei Planquadrate bis Frankfurt, 50 Kilometer Luftlinie; zwei, drei Tage noch, je nachdem, wie steil und verschlungen der Weg sein würde. Die Autobahn trennte das weiße Land auf der Karte vom grünen im Westen; weiß war flach und eben, grün war gewellt und hügelig, das war der Taunus. Eine Weile hatte ich überlegt, durch das heimatliche Mittelgebirge zu wandern, mich auf der Karte nach schräg links unten zu orientieren, ein paar Vier-, Fünfhunderter zu meistern, um dann bergab nach Eschborn einzulaufen, entschied mich dann aber doch, erst Frankfurt anzusteuern, die Stadt, in der ich geboren war, und von dort den letzten Schlenker Richtung Westen zu machen, in die kleine Welt meiner ersten Kindheitsjahre.

Südlich von Gießen fraß sich auf der Karte eine graue, gezahnte Linie durchs Land: der Limes, jene Grenze, die das Römische Reich gegen die raufenden und rülpsenden Germanen im Norden abgeschirmt hatte; parallel dazu hatten die Kartenmacher eine rot gestrichelte Linie eingefügt, einen Wanderweg.

Der Erdwall, den die Römer aufgeschüttet hatten, erhob sich noch deutlich aus dem Waldboden. Kilometerlang ging ich neben dem Limes her, die Grenze des Römischen Reiches entlang, und immer wieder ein paar hundert Meter weit oben auf dem Wall zwischen den Bäumen hindurch, die sich mit ihren Wurzeln hineingekrallt hatten und ihn mit Laub übersäten. Ich blieb stehen vor den Grundmauern eines alten Kastells, das laut Lehrtafel eine von vielen Wachstationen in der Gegend gewesen war, eineinhalb Jahrhunderte hatten die Römer das Limessystem – den Erdwall, die Holzpalisaden und die Wachtürme – aufrechterhalten, ehe sie im Jahr 260 nach Christus ihre rechtsrheinischen Truppen abzogen.

Am späten Nachmittag begegnete ich einem anderen Wanderer, einem Mann mit grauem Schopf und sauberem Anorak, pensionierter Erdkundelehrer aus Hannover. Er hatte sich vorgenommen, den kompletten Limes in Etappen abzuwandern, zwischendurch fuhr er jeweils nach Hause und kam dann an einem anderen Wochenende wieder, um das nächste Teilstück in Angriff zu nehmen. „Die Strecke von Hannover hierher ist ja ruckzuck gemacht", sagte er.

Ab und zu stoße er in den frisch gepflügten Äckern auf Scherben und Münzen aus der römischen Zeit, und immer wieder fand er Fehler im Kartenmaterial, das er bei sich hatte, und das teilte er dann den Verlagen mit, zur Korrektur.

„Der Wall ist natürlich stark erodiert über die Jahrhunderte", erklärte er und malte mit den Händen eine mächtige Festungsanlage in die Luft, „den müssen Sie sich zwei Meter höher vorstellen, und parallel dazu, hier, verlief ein zwei Meter tiefer Graben, und dahinter die Palisaden. Und das Ganze über 500 Kilometer durch Deutschland. Wie die DDR-Grenze, nur noch gewaltiger."

Er erzählte von den Völkerwanderungen, vom Kommunikationssystem der Römer: wie sie sich mit Fackelsignalen von Wachturm zu Wachturm verständigt hatten; und dann von seinem letzten großen Wanderprojekt, bevor er sich dem Limes zugewandt hatte: Er war die Route von Michael Holzach nachgegangen, jenem Wanderer, der Anfang der 80er Jahre „Deutschland umsonst" geschrieben hatte, eine Reportage über sechs Monate zu Fuß, von Hamburg bis an den Bodensee und wieder zurück, das Ganze mit Hund und ohne Geld. Eines Tages, lange nach Erscheinen des Buches, war Michael Holzach mit Feldmann, seinem treuen Begleiter, an der Emscher spazieren gegangen, einem in Beton gezwängten Abwasserfluss im Ruhrgebiet. Plötzlich rutschte der Hund ab und fiel ins Wasser, fand keinen Halt mehr, drohte zu ertrinken, Holzach sprang hinterher, um Feldmann zu retten, schließlich schaffte es der Hund aus eigener Kraft wieder an Land, und Holzach ertrank.

„Ich habe ein bisschen über ihn recherchiert", sagte der Mann. Nicht wie ein Penner habe Holzach gewirkt: verwildert zwar und oft ausgehungert, aber immer mit guten Manieren; so beschrieben ihn die Leute, denen er begegnet war.

Als die Sonne tief stand und die Bäume und die Felder mit einem goldenen Licht flutete, näherte ich mich Butzbach, sah das Städtchen mit drei Hochhäusern beginnen, sich über Fabrikhallen ausbreiten und nach Westen den Hang hinaufschmiegen. Der Weg machte noch einen Bogen, ehe er gerade aufs Zentrum der Stadt zuführte, und plötzlich gab die Hügelwand den Blick frei auf den Taunus. Im Dunst verschwammen die Hügel und Berge im Sonnenuntergang, wie auf einem kitschigen Poster. Der Höchste davon, mit einem Turm und Antennen auf dem Gipfel, musste der Feldberg sein, der höchste Berg im Taunus, zu dem ich als kleiner Junge hinaufgestaunt hatte, fast neunhundert Meter hoch. Es war die erste Landmarke, die mir sagte: Bald bis du da.

Ich schlief unruhig, hörte nah am Fenster die Züge vorbeirattern, und wieder kam ich erst am Mittag weiter; ich saß lange mit Volker in einem Café, mit Blick auf die schönen Fachwerkhäuser des Marktplatzes. Volker war Mitte dreißig, arbeitete bei der Stadtverwaltung, wir waren ins Gespräch gekommen, als ich ins Touristenbüro ging, um nach Fußwegen Richtung Frankfurt zu fragen.

Er hatte eine längliche Nase, spitz rasierte Koteletten, dazu einen breiten Mund, der passte gut zu seinem hessischen Dialekt. Sieben Jahre hatte er in Berlin gelebt, in einer Groß-WG in einem ehemaligen Fabrikgebäude, Großstadt mit allen Schikanen also, und dann war er zurückgekommen nach Butzbach, in die Heimat – „hier habe ich auch alles, was ich brauche. In Berlin war ich anderthalb Stunden unterwegs, ehe ich im Theater war; hier brauche ich knapp eine Stunde, dann bin ich in Frankfurt."

Er hatte sich oft an das Stück Land erinnert, das ihm hier gehörte, und an die Bienen, die er als Kind besessen hatte, „ich war so froh, als ich mir jetzt wieder Bienen anschaffen konnte." Es sei eine gute Zeit gewesen in Berlin, aber irgendwann war ihm bewusst geworden, dass vieles in der Stadt nur aufgesetzt war: der Glaube, etwas Besseres zu sein, „diese Großkotzigkeit der Städter war ermüdend", sagte er, „die machen eine Riesenwelle: was sie können, was sie sind, was sie machen. Dabei ist das Einzige, was sie von anderen Leuten unterscheidet, das Nummernschild."

Seine Herkunft hatte er nie leugnen können dort; als Bub aus der hessischen Provinz war er vom Vereinsleben geprägt, und deshalb hatte er sich in Berlin als Erstes einen Turnverein und eine Sambagruppe gesucht.

Wir gingen über den Marktplatz; in einem der Fachwerkhäuser war unten eine Drogerie, durch die Fenster sah man aufgetürmt die Küchenrollen und die Weichspülerflaschen; neben dem Plastikschriftzug erzählte eine Tafel an der Fassade von der Geschichte des Hauses. Schon im Jahr 1518 soll es ein Treffpunkt der „Schoppen trinkenden Bürger" gewesen sein, später das Gasthaus „Zum Goldenen Löwen", das Johann Wolfgang Goethe zu „Hermann und Dorothea" inspiriert habe.

„Die Städte verstehen es nicht, ihr eigenes Profil herauszuarbeiten", sagte Volker, „deshalb sehen solche Plätze alle gleich aus." Er machte sich viele Gedanken über die Frage, wie man Butzbach für Touristen anziehend machen könnte; die Stadt warb mit dem Slogan „Immer in Bewegung", und eines Tages hatte er den Bürgermeister gefragt, wo denn die Bewegung sei, wenn mittags die Geschäfte alle geschlossen seien. Man müsste die Stadt wirklich in Bewegung setzen, alle zum Radfahren bringen, Fahnen flattern lassen, Glockenspiele an den Haustüren klingen lassen, all diese Dinge.

„Du spürst es doch", sagte er, „wenn du eine Stadt bereist, und die Leute sich in ihrer eigenen Stadt sauwohl fühlen, wenn sie ausstrahlen: Hier sitz' ich, hier bleib' ich, hier fühl' ich mich wohl; wenn überall Menschen in den Straßen sind, Eis essen und Kaffee trinken. Die Touristen müssten heimfahren und sagen: ‚Mensch, das war toll in Butzbach, und ich weiß gar nicht, warum.' Das wäre super."

Als wir uns verabschiedeten, war es Mittag. Wieder hatte ich meinen Zeitplan um Stunden verfehlt. Vielleicht sollte man einfach so wenig Pläne wie möglich machen, dachte ich; sich aus Prinzip der Brandung des Alltags hingeben und sich bald tief hineinziehen und umherwirbeln, bald an Land spülen lassen wie eine Muschel, und dort ausruhen; und nicht ständig versuchen, gegen die Wellen und die Strömung anzukämpfen; das kostet nur Kraft und bringt einen um so viele unerwartete Begegnungen.

Vielleicht fürchtete ich mich auch einfach ein bisschen vor dem Ankommen.

26

Friedberg hatte eine mächtige gotische Kirche, ein Hard Rock Café und viele Geschäfte mit englischen Namen – und ein kleines Gasthaus mit knarrenden Dielen, das schon im Mittelalter dort gestanden hatte. Dort hatte ich mich für die allerletzte Etappe nach Frankfurt einquartiert. Als ich am Abend beim Wirt, einem schlanken, leicht gebeugten Mann mit fein gestutztem Vollbart und Seitenscheitel und weißem Hemd, am Tresen stand, kam ein junger Mann mit geschorenem Haar und einer Blondine im Arm herein und fragte in breitem Amerikanisch nach einem Zimmer für den nächsten Dienstag. Der Wirt, „one moment, please", verschwand kurz ins Hinterzimmer, raschelte mit Papier und kam dann zurück. „No, I am sorry", es sei leider absolut nichts frei an dem Dienstag. Weil der Amerikaner ungläubig schaute, „there's nothing?", empfahl ihm der Wirt ein anderes Hotel, aber dort hatten es die beiden auch schon versucht. Als sie schließlich von dannen zogen, murmelte er: „Des brauche mer ned."

Mit den Amerikanern, die rund um den Ort in den Kasernen stationiert waren, erklärte seine Frau, habe man leider keine guten Erfahrungen gemacht; „die kommen und saufen sich zu, und dann randalieren sie. Gerade jetzt, wo so viele aus dem Irak kommen – die sind ja völlig neben der Spur! Viele müssen sie ja erst mal wochenlang drinbehalten." Sie machte eine Scheibenwischerbewegung vor dem Kopf. „Das sind ja alles Leute aus der untersten sozialen Schicht, die gehen zur Armee, weil sie da drüben in Amerika verhungern würden. Viele von denen können ja nicht einmal richtig sprechen; wir hören's ja manchmal aus der Kneipe nebenan, die bringen keinen geraden Satz raus."

Ihr Mann nickte, während sie sich in Rage redete. „Die ganze Stadt ist voller Dreck. Die leben ja ganz anders als wir, die essen auf der Straße und schmeißen einfach ihren Müll hin und spucken auf den Asphalt, wenn sie zu viel getrunken haben. Ich sag's Ihnen. Wir hoffen ja inständig, dass bis 2007 endlich Schluss ist, dass sie dann abgezogen werden. Aber glauben tun wir's noch nicht."

Am nächsten Morgen ging ich früh los, durch den Regen, vorbei am Bahnhof, wo die S-Bahn-Linie aus Frankfurt endete; ich kannte Friedberg als Endstation auf dem S-Bahn-Plan, den ich als Kind studiert hatte, als wäre es die Weltkarte.

Ein Flüsschen namens Nidda nahm mich an die Hand und sagte: Komm, ich zeige dir den Weg – zwischen gepflügten Äckern hindurch; hinter einem Busch flog ein Fasan kreischend und schnarrend auf. Ich folgte der Nidda durch Dunst und Nebel; bei blauem Himmel, dachte ich, müsste längst irgendwo der Fernsehturm zu sehen sein, das Symbol, das mir, wenn ich auf dem Rücksitz unseres alten Ford Taunus gesessen hatte und wir von der fremden neuen Heimat Hamburg aus auf einen Besuch zurückgefahren waren, immer ein sicheres Zeichen gab, dass wir so gut wie am Ziel waren; aber nichts war zu sehen in diesem dicken Grau.

Die Nidda zog mich mit, bahnte mir zielstrebig den Weg, legte sich mal in eine Rechts-, mal in eine Linkskurve, aber immer vorwärts, vorwärts. Die Stadt lauert irgendwo da hinten im Nebel, dachte ich, und irgendwann wird sie plötzlich hervorspringen und vor mir stehen und fragen: Was machst du hier? So kurz vor dem Ziel, das Prasseln des Regens auf der Kapuze in den Ohren, kam in mir plötzlich die Angst vor der Sinnlosigkeit meines Tuns hoch: die Angst, dass nach den fünfeinhalb Wochen, die ich gegangen war, und nach den vielen Jahren, in denen ich mich bestenfalls noch auf Kurzbesuch hatte blicken lassen, nichts Besonderes sein würde; dass mich die Heimat, das verschüttete Zuhause, das ich dort wähnte, nicht mit offenen Armen empfangen würde, dass das Leben einfach seinen Gang gehen und mich als Zuschauer stehen lassen würde. Vielleicht war das ein bisschen wie in einer Beziehung, wenn man lange fort war: dann erwartet man, dass das Wiedersehen umwerfend sein muss, und wenn es nicht umwerfend ist, sondern nur auf milde Weise schön, dann löst sich alles in Zweifel auf.

Ich folgte der Nidda, wie sie entschlossen auf den Main zustrebte, und ging und ging, und dann kam ich, am Rand von Bad Vilbel, auch so ein Ort der Sehnsucht vom S-Bahn-Plan, an dem Mineralwasserwerk vorbei, das einen der großen Markennamen meiner Kindheit trug, „Bizzlwasser" hatten wir immer gesagt, wie man das in der Gegend so sagt. Das hatte ich mir dann schnell abgewöhnt, weil es in Hamburg niemand verstand; es war nicht immer einfach gewesen mit der Verständigung. Das erste Mal, als ich in Hamburg Brötchen holte für die Familie, als schüchterner Junge mit ein paar 50-Pfennig-Stücken in der Hand, hatte mich die Verkäuferin verständnislos und ein bisschen ungeduldig angeschaut, weil ich partout nicht sagen konnte, ob ich nun „Schrippen" oder „Rundstücke" wollte.

Noch 9,4 Kilometer bis Frankfurt, sagte ein Fahrrad-Wegweiser.

Irgendwann war ich in der Stadt, ohne es zu merken. Ich betrat eine Ortschaft namens Harheim, die ich der Karte nach für einen Vorort gehalten hatte. Ich war den kleinen Schildern gefolgt, die auf eine „Trinkhalle" verwiesen, eine dieser zahl- und namenlosen kleinen Steh-Tränken, die niemand Trinkhalle nannte, sondern „Wasserhäuschen", obwohl Wasser sicher am seltensten bestellt wurde. Es hatte Glasbausteine statt Fensterscheiben, von drinnen hörte ich Stimmen und das Gedudel von Spielautomaten, und ich ging hinein.

„Bin ich hier in Frankfurt?“, fragte ich, triefend und dreckig, den schwarzhaarigen, stoppelbärtigen Wirt.

„Ja, das hier ist Frankfurt.“

„Großartig.“

„Wieso denn großartig?“, raunzte ein Mann neben mir.

Ich bestellte eine Apfelschorle und ein Hähnchenschnitzel aus der Mikrowelle, und kam mit dem Mann ins Gespräch. Christoph hieß er. Er trug eine umgedrehte Schirmmütze und eine grüne Arbeitsweste über der Jacke und ein breites Lederarmband am Handgelenk.

Vor zehn Jahren, als Neunzehnjähriger, war er nach Frankfurt gekommen, um Landschafts- und Gartenbau zu lernen, voriges Jahr hatte er seinen Meister gemacht. Zu Hause in Cottbus war fast niemand mehr von seinen alten Freunden, keine Chancen, keine Arbeit. „Klar könnte ich da einen Job kriegen, wenn ich wollte. Für sechs Euro fünfundachtzig die Stunde. Als Meister!“

Seine Lieblingsgeschichte über Frankfurt ging so: Eines Tages, da war er noch neu in der Stadt, ging er in eine schicke Bar in der Zeilgalerie, und ein Mädchen setzte sich neben ihn an den Tresen, „so eine Haarsprayblondine, siebzehn, Gymnasiastin, aus Bad Homburg.“ Sie haben kaum zwei Sätze gewechselt, da fragt sie: ‚Kannst du mir einen Cocktail ausgeben?‘

Als sie vier ‚Sex On The Beach‘ getrunken hat, fragt sie ihn beiläufig, woher er eigentlich komme. „Und wie ich sage: ‚Cottbus‘, da geht der Finger hoch, und sie bestellt noch einen, und dann sagt sie nichts mehr.“ Als sie das Glas geleert hat, steht sie auf, und im Gehen fragt sie noch: „Verdienst du denn überhaupt Geld?“ – „Klar“, sagt er, „ich hatte gerade einen guten Monat, da habe ich dreitausend Mark gemacht.“ – „Dreitausend Mark sind doch kein Geld“, sagt sie und verschwindet.

„Da war ich fertig mit Frankfurt.“

Hinter ihm begannen zwei Männer, Pfeile auf den Dartautomaten zu werfen. „Wenn du hier an die richtigen Frankfurter geraten wärst“, sagte er, „die hätten dich von oben bis unten angeguckt; nasse Hose, Rucksack, Halstuch, für die wärst du der letzte Dreck. Diese Banker, wenn du denen in die Augen guckst, alles leere Hüllen, keine Emotionen, nix. Das sind Millionäre, mit zwei Porsche in der Garage, aber heulen rum, wenn sie vierhundertfünfundachtzig statt vierhundertachtzig Euro für den Gärtner zahlen müssen.“

Er leerte sein Bier und bestellte ein neues. „Bei uns zu Hause würden die ausgelacht werden mit ihren Protzkarren und ihren Goldketten. Ich sehe das doch schon bei den Lehrlingen bei uns im Betrieb, die hoffen alle, dass sie bald das Haus von ihrem Vater erben, das wird verhökert, und dann hast du die Million und kannst die dicke Show machen, und wer die dickste Show macht, kriegt die besten Bräute.“

„Ein Werteverlust ist das heute“, sagte er dann und wurde lauter, „katastrophal. Ka-ta-stro-phal!“ Er warf einen Zehner auf den Tresen, bekam vom Wirt fünf 2-Euro-Münzen dafür und warf sie nacheinander in den Spielautomaten hinter sich. „Tüdelü“, machte der Automat und blinkte, und er drückte ein paar rote Knöpfe. Ein paar Minuten später schob er den nächsten Zehner über den Tresen.

„Wenn ich eine Million im Lotto gewinnen würde“, sagte er, „dann würde ich Deutschland sofort den Arsch zudrehen. Philippinen, Kroatien, scheißegal, irgendwohin, wo die Million noch fünf Millionen wert ist. Da kaufst du dir ein Haus, die halbe Straße dazu, und fertig. Dann bist du der King.“

Wählen ging er auch nicht mehr, er war enttäuscht. „Ich finde es gut, dass im Osten die DVU drinnen ist. Dann sehen se endlich mal, dass das Volk aufwacht.“

Er rückte ein Stück näher. „Und muss denn jeder Türke aus Kappadokien, der mit seinem Esel über die Karpaten geritten kommt, hier von uns durchgefüttert werden?“ Als er den Satz ausgesprochen hatte, zuckte er zusammen, dann fügte er etwas lauter hinzu: „Damit das klar ist, ich hab' überhaupt nichts gegen Ausländer, wenn sie hier ordentlich arbeiten." Er schaute zum Wirt, der verlegen in der Kühltruhe kramte und tat, als hätte er nichts gehört. „Fleißige Leute, so wie du, Yasar."

Eine alte Frau mit dicken Brillengläsern und einem Bierglas in der Hand unterbrach ihn. „Hier, junger Mann, des müsse die doch alles zurückzahle, was die vom Staat kriegen."

Er prustete und setzte sein Glas ab. Sie fingen an zu streiten, „alles abschaffen!", rief er, „das ganze Sozialsystem, alles abschaffen, jeder soll für sich selbst sorgen. Ich zahl jeden Monat 356 Euro Krankenkasse, das tu ich doch lieber aufs Sparbuch, da krieg' ich zwei Prozent. Ich brauch' keine Krankenkasse, ich hab' noch alles drin, Nieren, Blinddarm, alles."

Ein älterer Mann mir Bartstoppeln und Schiebermütze, der schon länger dem Gespräch zugehört hatte, mischte sich ein: „Isch aach, ich bin vierundsechzig und noch nie operiert."

So ging es weiter, Christoph hatte einen roten Kopf mittlerweile, und schließlich sagte die alte Frau: „Wisse Sie, was man tun müsste, dass es uns wieder besser geht, junger Mann? Die Mauer wieder uffbaue, aber zehn Meter höher."

Durch den Nieselregen ging ich in die Stadt, im Laternenlicht, die erste Straßenbahn kam mir entgegen, ich war in Frankfurt; über dem Eingang eines Gasthauses – einer Wirtschaft – hing ein Bembel, ein tönerner Apfelweinkrug, und plötzlich tauchten oben im Dunst zwei blinkende rote Lichter auf, und darunter, schwach angestrahlt, der Fernsehturm.

Am Eingang eines hell erleuchteten Hochhauses holte ich Fidelius ab, einen Freund aus der Journalistenschulzeit, sein Job als Bankenkorrespondent hatte ihn nach Frankfurt verschlagen, und so gingen wir durch die Lichter des Abends, er in Nadelstreifen, ich in verdreckten Hosen und durchweichten Stiefeln. Wir setzten uns am Römerberg unter einen großen Schirm und tranken ein Bier aufs Wiedersehen, und dann gingen wir zu Sebastian und Anne, in ihre Dachwohnung, zu Bratkartoffeln und Spiegelei, und ehe ich mich aufs Gästebett warf, schaute ich lange durch die Dachfenster auf die Hochhäuser der Stadt, dahinter war der Taunus, und dazwischen war Eschborn.

27

Ich ließ mir Zeit am nächsten Morgen, ging am Main entlang und sah die stählern glänzenden Hochhäuser vor dem blauen Himmel; über die Brücke, am Römer vorbei, dem Frankfurter Rathaus, da hatten meine Eltern geheiratet, ehe sie sich siebenunddreißig Jahre später in Hamburg scheiden ließen. Immer wenn wir damals in die Stadt fuhren und hier vorbeigingen, hatten sie von der Hochzeit erzählt. Die Fachwerkhäuser rund um den Platz, das war vertraut von früher, aus der Zeit, als noch alles gut und einfach war. Ich lauschte dem vertrauten Klang der Sprache um mich herum; das Hessische, das so leicht über die Zunge kommt, dass auch mal ein paar kleine Dummheiten durchgehen; ganz anders als die steifen Zungen der Norddeutschen, vor denen jedes Wort erst strammstehen muss, ehe es nach misstrauischer Prüfung passieren darf.

Ich ging nach Nordwesten, durch alte Wohnviertel mit hellen Fassaden und Fensterläden, vorbei am Nordwestkrankenhaus, wo ich geboren war, und dann auf die Straße Richtung Eschborn, die Strecke, auf der mein Vater in der Nacht meiner Geburt von der Polizei angehalten worden war, weil er vor Aufregung gerast war wie ein Besessener. Der Himmel war blau und die Sonne wärmte mich durch das Hemd, und dann überquerte ich eine Autobahnbrücke und kam auf einen Asphaltweg zwischen den Feldern, und ich sah die Häuser von Eschborn auftauchen, den großen Supermarkt, wo ich an der Wursttheke immer eine Scheibe Gelbwurst geschenkt bekommen hatte. Über allem thronte, seltsam klar und nah, der Taunus. Eine Joggerin überholte mich, dann ein Radfahrer, das Handy am Ohr; die Sonne ließ das Gras auf den Äckern unwirklich grün leuchten.

Von weitem hörte ich das Heulen des S-Bahn, hinter den Gleisen türmten sich die Büroburgen des Gewerbegebiets auf, von dem ahnungslose Durchreisende glaubten, das sei das wahre Eschborn; ich überquerte den Westerbach und ging an den Schrebergärten vorbei und an dem Kindergarten, ich war am Ziel.

Ich ging zu Oma Traudel und Dolly und Tatjana, den alten Freunden der Familie, die immer wie Verwandte gewesen waren; alle drei Generationen lebten noch in Eschborn. Zuletzt war ich im Sommer davor zur Beerdigung von Opa Paul da gewesen, mit dem Zug, Hamburg–Frankfurt, dreieinhalb Stunden, und wieder weg, und jetzt hatte ich von unterwegs angerufen und gesagt: „Ich komme, aber es dauert noch ein bisschen."

Oma Traudel hatte Grüne Soße gemacht, wie sie es früher immer getan hatte, wenn ich da war, früher. Wir wälzten Alben voller Fotos von damals, am Strand in Ostfriesland, auf einem davon saß ich in einen Bademantel gehüllt zwischen Oma Traudel und meiner Mutter und grinste in die Kamera, da war ich fünf. Nach dem Essen zog ich meine Stiefel wieder an und ging zu unserem Haus.

Vorbei an den alten Garagentoren, den Wäschestangen, sie waren immer noch da, diese Details, die für Kinderaugen wichtige Ortsmarken sind, sogar das Klettergerüst stand noch, in der großen Sandkiste, auf die man vom Balkon unserer Wohnung im achten Stock hinunterschaute; ich legte die Hände um die Stangen, sie fühlten sich metallisch kalt an wie damals, aber ich konnte sie jetzt mühelos umgreifen. Ich stieg hinauf, die schmalen Sprossen, die damals so weit auseinander waren, dass ich mit meinen kurzen Beinen kaum Halt fand. Jetzt machte ich drei Schritte und war oben und setzte mich und schaute hinauf zu dem Balkon im achten Stock. Da hatte meine Mutter oft gestanden und heruntergeschaut und gewunken und mich zum Essen gerufen. Die Sonne schien zwischen Ahornblättern hindurch, die Bäume waren groß geworden, ab und zu taumelte ein Blatt zu Boden. Aus einem der offenen Fenster hörte man einen Würfelbecher klappern, woanders fiel eine Besteckschublade zu, es roch nach Fischstäbchen, eine Frau rief: „Valentina!" – „Vengo!", rief die Kleine auf Italienisch zurück, ich komme.

Ich ging über das Pflaster, auf dem ich zum ersten Mal ohne Stützräder gefahren war, um das Haus, zum Eingang, die Klingeln und die Briefkästen waren neu; ich hörte Schritte, die Tür ging auf, und ohne zu überlegen ging ich hinein, stieg in den Aufzug, er roch wie damals, nach abgestandenem Rauch, fuhr in den achten Stock und stand vor unserer Tür.

Es war kein Namensschild dran. Ich zögerte. Mein Herz pochte. Dann klingelte ich.

Schritte kamen näher. Die Tür ging auf, und eine Frau, Anfang fünfzig, mit rot getönten Haaren, stand vor mir und schaute mich mit Stirnrunzeln durch ihre Brille an.

„Entschuldigung", sagte ich, „ich habe mal hier gewohnt."

Sie musterte mich noch einen Moment, dann plötzlich fiel die Anspannung aus ihrem Gesicht, und ihre Augen wurden groß. „Sind Sie der Kleine von den Zicks?"

Ich folgte ihr in die Wohnung. Der Boden war mit Laminat ausgelegt, die Wände weiß tapeziert, alles viel heller als damals, in den 80ern, als wir ausgezogen waren: Im Wohnzimmer war weinroter Teppich gewesen, die Spielwiese für meine Autos und die Legosteine; zögerlich warf ich einen Blick ins Badezimmer, da waren noch die gelben Kacheln von damals, der braune Plastikhandgriff über der Badewanne, die Seifenschale.

Wir gingen in die Küche, sie machte mir einen Kaffee mit Milchschaum. „Ich weiß noch genau, wie wir die Wohnung von euch übernommen haben", sagte sie. „Mensch, das ist jetzt einundzwanzig Jahre her." Sie war zwei Jahre vorher mit ihrem

Mann und den Kindern aus Schlesien nach Eschborn gekommen, hatte erst in einem Umsiedlerheim gewohnt, und dann hörte sie von einer Bekannten, dass da in der Kurt-Schumacher-Straße, im achten Stock, eine Wohnung frei werde, und dann lernte sie meine Eltern kennen und machte mit ihnen die Schlüsselübergabe.

„Ich habe oft an euch gedacht; was ihr wohl macht. Warum seid ihr eigentlich damals nach Hamburg gezogen?"

Ich zuckte mit den Schultern und schaute hinunter auf den Parkplatz, die Bäume und die Häuser, die Felder und den Taunus. Auf der Anrichte hatte ich stundenlang sitzen können und zuschauen, welcher Nachbar mit welchem Auto kommt.

„Mein Enkel sitzt hier auch gern", sagte sie.

Mit dem Kaffee in der Hand ging ich durch die Wohnung; sie bot mir das Du an, „schau dich ruhig um", sagte sie, „du bist ja zu Hause." Mein Zimmer war viel kleiner, als ich es in Erinnerung hatte; eine Bücherwand stand darin, voller Lexika und Familienfotos und Madonnenfigürchen; und eine Couch – „das hier war das Zimmer meiner Tochter, ehe sie ausgezogen ist", sagte sie, „die ist ungefähr so alt wie du."

Wir setzten uns auf den Balkon, da hatte ich als Kind oft in einem kleinen Plastiksandkasten gespielt, und meine Eltern hatten ständig Angst, dass ich runterstürzen könnte.

Sie erzählte von der Zeit in Polen; ihr Mann und sie, als Deutschstämmige, waren immer wieder „Faschisten" genannt worden, und deshalb entschlossen sie sich, umzusiedeln; um als Deutsche unter Deutschen sein. Dass ihr Mann dann hier einmal als „Polacke" beschimpft wurde, sagte sie, das sei ein Einzelfall gewesen.

„Eschborn hat uns von Anfang an gut gefallen", sagte sie, „die Lage ist wunderschön, zwischen Frankfurt und Taunus, und ich brauche nur in die Unterortstraße zu gehen, da finde ich noch einen Bauern. Das Entscheidende aber ist, wie herzlich wir hier aufgenommen wurden."

Sie hatte sofort Arbeit bekommen, als Erzieherin, schnell Freunde gefunden, und der katholische Pfarrer war mit einem Glas Honig und einer Kerze zu ihnen an die Tür gekommen.

„Nach sieben Jahren war es so weit, dass wir, wenn wir zu Besuch in Polen waren, am Ende dann sagten: ‚So, jetzt fahren wir zurück nach Hause.'"

Mein Blick schweifte nach unten, zur Sandkiste und dem Klettergerüst, über die anderen Häuser und die Bäume; die Bäume waren wirklich riesig geworden, die mächtigen Strommasten in der Ferne, und ganz dort hinten war Frankfurt. Ein Jumbojet schwebte über die Stadt zur Landung; Vogelgezwitscher und das Tosen der fernen Schnellstraße mischten sich.

„Ich habe manchmal gedacht", sagte ich, „ich rede mir das alles schön, diese Erinnerungen."

„Nein", sagte sie, „da verklärst du nichts, es ist wirklich schön hier, und die Leute sind wahnsinnig nett."

Wir saßen noch lange da und plauderten, ehe ich mich aufmachte, nach Ralph zu sehen, „Mensch, lass dich mal knuddeln", sagte sie und drückte mich zum Abschied.

Der Weg zu dem Haus, in dem Ralph gewohnt hatte, war kürzer als in meiner Erinnerung. Seltsam, wie klein das Terrain ist, auf dem sich so eine Kindheit abspielt, dachte ich und ging, über die kleine Westerbachbrücke, zu Ralphs Haus.

Der Nachname stand noch am Türschild.

Seine Mutter öffnete die Tür. Ihr Gesicht wirkte kaum gealtert, nur die Haare schimmerten grau, und der Vater stand dahinter, ein bisschen gebeugter als damals; müde sah er aus.

„Hallo", sagte ich. „Kennt ihr mich?"

Sie schauten mich an, sie in der Tür, er dahinter, und dann klappte ihr der Mund auf. „Das gibt's doch nicht."

Der grüne Teppich, er war immer noch da, und die Schwarzweißfotos an den Wänden, von Ralph und seiner Schwester, mit Zahnlücken, nur in der Ecke, wo wir mit der Playmobilritterburg gespielt hatten, stand ein Wäschekorb. Ich setzte mich auf die Couch; auch der Geruch war noch da, jede Wohnung hat ihren eigenen Geruch, und das hier war der Geruch von Playmobilspielen und Spaghettiessen und Rausgehenunddreiradfahren und Diekleineschwesterpiesacken. Sie brachte mir ein Glas Wasser.

Der Vater hatte einen Herzinfarkt gehabt und war in Altersteilzeit; seit ich ihn kannte, arbeitete er bei einem großen Elektrogerätehersteller am Rand des Taunus, der Druck war unmenschlich geworden, seit ein amerikanischer Konzern die Firma geschluckt hatte, und er hatte beschlossen, sich nicht mehr aufzureiben. In meiner Erinnerung hatte er oft sehr laut sein können, jetzt sprach er ruhig und gedämpft.

„Ralph ist in Landau", sagte die Mutter, „und studiert Medienpädagogik; er ist erst vor zwei Jahren hier weggezogen, wir dachten schon, er würde ewig bei uns bleiben." Dann holte sie ein kleines Foto aus ihrem Portemonnaie, das war er: das leicht schüchterne, verschmitzte Lächeln, nur die Haare hatten sich schon reichlich gelichtet an der Stirn.

Sein Vater griff zum Telefon und wählte und wartete. „Ralphi-Boy", sagte er, „rat mal, wer hier ist." Dann gab er mir den Hörer.

„Ich habe neulich von dir geträumt", sagte Ralph.

Am nächsten Tag war er da.

Wir gingen den Westerbach entlang, über die Steine, von denen wir so oft ins Wasser gerutscht waren, und dann hinaus zum S-Bahnhof Eschborn-Süd am Rand des Gewerbegebiets, vorbei an dem alten Grillpavillon und den Schrebergärten und den Apfelbäumen und Maisfeldern; die Ausflüge zum S-Sahnhof, vielleicht einen knappen Kilometer entfernt von zu Hause, waren unsere Abenteuertouren gewesen, weit raus in die Wildnis.

Auf der Brücke über die Schnellstraße blieben wir stehen.

„Hier habe ich mal mit irgendjemandem gestanden und Maiskolben auf Autos geworfen“, sagte er kopfschüttelnd, „das muss man sich mal vorstellen. Maiskolben auf Autos.“

„Das war mit mir“, sagte ich, „ich glaube, es war meine Idee.“

Wir schlenderten zurück in den Ort, zum Eiscafé, wo wir damals den Abschied gefeiert hatten, saßen lange in der Sonne, schauten auf den steinernen Springbrunnen, auf dem wir herumgeklettert waren, wenn das Wasser abgeschaltet war; schauten Fotos an von unserem Abschiedstag: von uns am Bach, beide in Polohemden und blauen Bermudashorts; von unseren Eltern, mit vollem dunklen Haar; von einem Kindergeburtstag, mit Katrin und Yvonne, den Zwillingsmädchen aus dem Nachbarhaus, „das sind ziemliche Feger geworden“, sagte er.

Als sich die Sonne über die Häuser senkte, stiegen wir ins Auto und fuhren hinauf in den Taunus, zur Falkensteinburg.

„Was hättest du eigentlich gemacht, wenn ich so ein Dorfproll geworden wäre?“, fragte er auf der Fahrt.

„Ich wusste, dass du es nicht bist.“

Wir gingen ein Stück durch den Wald, es war schon dunkel. Dann waren wir an der alten Burg, setzten uns auf die Mauer, die Steine atmeten noch die Wärme des Tages und unter uns tat sich die schillernde Kulisse der Stadt auf: Ein Meer von Lichtpunkten funkelte, weiße, gelbe, rote, grüne. Ganz klein ragte der Messeturm mit seinem Dreieck auf der Spitze heraus, daneben die anderen Wolkenkratzer; und mehr im Vordergrund, uns zu Füßen, war Eschborn.

„Hier habe ich oft gesessen, als ich darüber nachdachte, ob ich in eine andere Stadt gehen soll“, sagte Ralph. „Irgendwie war klar, nachdem meine Freundin mich verlassen hatte: Ich wollte woanders mein Glück suchen. Andererseits konnte ich meinem Zuhause hier nicht einfach den Rücken kehren.“

Aus dem Gebüsch unterhalb der Mauer drang lautes Grillenzirpen; in der Ferne hörte man die Sirenen von Polizeiautos, die Stadt brodelte, weit dort unten. Rechts von uns schillerten die neongelben Lichter des Flughafens, die Flieger, die zur Landung ansetzten, reihten sich über der Stadt wie an einer Perlenkette auf, und der Mond schaute milchig auf alles herab.

„Und eines Abends dann“, fuhr er fort, „als ich wieder hier saß, da fiel es mir auf einmal ganz leicht, mich fürs Weggehen zu entscheiden. In dem Moment war mir klar geworden: Die Brücken hierher wirst du nie abbrechen; egal wohin du gehst und wie lang du bleibst – du wirst immer wieder zurückkommen.“